第一章　様々な怪異Ⅰ

集まってくる話には「え？　どういうこと？」と首を傾《かし》げるような話や、速効で鳥肌の立つ話など様々ある。

一連にまとめられなかった断片的な話を集めて《様々な怪異》としてみた。

採話No.078　納骨堂の黒い影

Kさんは、しばらくの間無人だったK寺の住職《じゅうしょく》になった。

長く閉め切られていた本堂や庫裏《くり》は湿気がひどく、Kさんは戸を開け放って掃除を始めた。

こもっていた湿気や澱《よど》みは一掃されたが、ご本尊さんのちょうど裏側にある納骨堂になんだか嫌な気配があった。

そこも整理しようと扉を開けると、真っ黒で大きな塊がKさんの横をかすめて凄《すご》い勢いで飛び出し、本堂の正面から出ていった。

びっくりしたKさんはしばし呆然《ぼうぜん》としていたが、納骨堂の中に入ってその原因が判《わか》った。

そこには位牌《いはい》や骨壺《こつつぼ》、無縁仏《むえんぼとけ》などが乱雑に積み上げられていたのだった。

現在、納骨堂は綺麗《きれい》に掃除され、明るく整然となっている。

採話No.０７９　供養を求める者

K寺の住職として勤め始めてから、Kさんはよく霊を見るようになった。

それは、はっきりとした「人」として視界に入るのだそうだ。

顔は正面を向いているのに表情ははっきりせず、うつむいたり、横を向いていたりするかのような印象なのだという。

先日も、本堂の階段にお婆《ばあ》さんが一人で座っているのが見えた。

『檀家《だんか》の人がお掃除に来ているのだな』と思い、さほど気にもとめずに庫裏でお勤めの準備を始めた。

すると、本堂と庫裏をつなぐ廊下を、誰かが走る足音がする。

続いて、畳を踏むミシッ、ミシッという音。

気になって襖《ふすま》を開けても誰もいない。

廊下のガラス戸越しには外に座るお婆さんの姿がまだ見えていたが、一瞬目を離した隙《すき》にいなくなっていた。

Kさんは、『きっと供養してもらいたかったのだろう』と思い、身支度をしてお経をあげた。

その日はそれから、不思議な音はしなかった。

採話No.080　龍を見るI

K寺の話を教えてくれたTくんの体験である。K住職は彼の友人だ。

ある夜、TくんとKさんは、友人で葬儀社に勤めるSさんと三人で、K寺で飲むことになった。

Kさんの霊体験を聞くうちに「妖怪《ようかい》っているのか?」という話題になった。

するとSさんが「龍《りゅう》を見たことがある」と言い出した。

車で信号待ちをしていたときに、前方の上空に8の字を描くように飛んでいたのだ、という。

昨年大ヒットしたアニメ映画に出てきた龍そのものの姿で、夕方のグレーの空にもっと濃い灰色にはっきりと見えたそうだ。

信号が変わり、龍を見ながら前進して交差点を左折。

一瞬目を離した隙に、消えていたそうだ。

採話No.081 龍を見るII

実はTくんも龍を目撃した経験がある。

十五年前のこと。西仙台ハイランドでカーレースを見た帰り、友人が運転する車の助手席にTくんは座っていた。

車は高速を走っていた。疲れたTくんはシートを倒し、紫色の夕暮れ空にポッポッと現れ始めた星をながめていた。

それは黒いシルエットで、彼らの乗る車の真上を尾を左右に動かしながら飛んでいた。

縮めた前足の脇に翼があり、頭には数本の角のようなものが生えていた。

*　　*

Sさんが見たのは日本や中国で言うところの龍。

Tくんが見たものはドラゴン。

K寺でビールを酌み交わしながら、ふたりは「龍はいる！」と同時に言った。

その瞬間、バチン！　とK寺のブレーカーが落ちた。

ブレーカーを上げたあと、Kさんが、「怖い話ばかりしていたから、さっきから結構な数、集まってきているんだ」と言った。

Sさんも奥の部屋の方が気になっていた、と言う。

そもそも、ブレーカーが落ちるなど、Kさんがこの寺の住職になって一年以上経《た》つが初めてのことだという。

採話No.083　龍を見るⅢ

知人のAくんも『龍を見た』と言う。

今から二十年ほど前のことだ。遠方から訪ねてきた友人を龍泉洞《りゅうせんどう》という鍾乳洞《しょうにゅうどう》に連れて行こうと、車で出掛けた。

龍泉洞は、岩手県の沿岸北部にある岩泉町《いわいずみちょう》という町にある。盛岡から岩泉に出る国道を走りながら、Aくんはそれを見た。

山道を走りながら、Aくんは何気なく空を見た。

すると、雲間から金属のような鋭い反射光が閃《ひらめ》いた。

あれっ？　と思って光った辺りを見ると、何かが空にある。

金属質の光沢を放つ帯——。Aくんにはそう見えた。それが雲間からのぞいている大きさは判らないが、確実に雲の上に存在していた。

一瞬の後、その帯は折り畳まれていたらしく、パタパタと広がりながら伸びていった。

「稲妻のようにギザギザに伸びていったんですが、ちゃんと裏と表が判った。表側は金色。裏側は日の影になって薄青く見えました。ほんとうに金属のプレートかなにかが開いていくような感じでした」

数秒後、その帯は雲の向こう側に消えてしまった。

「あれ！　あれ！」

とAくんが友人に指さして教えたが、友人はついにそれを見ることはできなかったという。

「あんな平べったくて長い、折り畳まれたUFOなんかないだろうから、あれは絶対に龍ですよ」

今まで生きてきて奇妙なモノを見るのはそれが初めてだというAくんは真剣な顔でそう言った。

その後《UFO》という言葉の意味を講釈したのは言うまでもない。

採話No.０８２　御難

以上の話はTくんからメールで教えられた。

ところがこのメールを書いている最中に、何もしていないのにいきなりメールソフトが閉じてしまったという。

フリーズしたのではない。コンピュータに詳しいTくんは、これといった原因も思い当たらずゾッとしたという。

データが失われていたのでもう一度書き直したが、平谷さんも注意するようにと書き添えてあった。

前回の『百物語　実録怪談集』はかなりの割合自分の体験談だけですませたので大丈夫だったが、今回はほとんどが他人から聞く話である。色々と用心しなければと思い、届いたメールをすぐに印字し、本文はすぐに削除した。

採話No.100　Sくんの叔父さんのこと

岩手県は広い。面積はたった一つの県であるのに四国四県に近いし、一つ一つの街も大きい。たとえば遠野《とおの》市などは東京二十三区とほぼ同じ広さだ。

しかし、県土の面積の八割は山林が占めている。人の住まない場所が圧倒的に多い。

だから、町と町の間が数キロから十数キロ離れていることはざらである。だから、数十キロに渡って人家も疎《まば》らで信号機もないというような道路もある。

Sくんがその夜通った道も、そんな道路だった。

Sくんはその日の夕方、叔父さんが重篤《じゅうとく》な病で入院したことを聞いた。実家の母親から電話があったのである。

当時——およそ十五年ほど前のことだ——Sくんは沿岸地方の小都市に暮らしていた。仕事の関係で転勤を余儀なくされ、実家を離れていたのである。

そして、夜半。母親からもう一度電話が入った。叔父さんが危篤《きとく》だからすぐ病院へ来るようにというのである。

Sくんの住む町から叔父さんの入院した病院までは五十キロ。北上高地を突っ切る国道が走っている。渓流沿いを蛇行しながら進む二車線の舗装道路である。

Sくんはすぐにアパートを出た。

山間の国道を、猛スピードで走る。

時刻は十一時を過ぎ、対向車も後続車も、前方を走る車も無い。右側はコンクリートを吹き付けた法面《のりめん》。左のガードレールの下は崖下《がけした》に川が流れている。

幼い頃から面倒を見てもらった叔父さんであった。なんとしても意識のあるうちに会いたいと、アクセルを踏む足に力がこもる。

道程のおよそ半分。北上高地の峠にさしかかった頃。

リアビューミラーにチラリと紅《あか》い光が見えた。パトロールカーの回転灯の赤色だった。

「やべぇ……ポリだ」

慌ててスピードメーターを確認すると百キロを優に超えていた。Sくんはブレーキを踏んでスピードを落とした。

下り坂になって道が蛇行し始め、紅い光もカーブの陰に隠れて見えなくなった。しばらくミラーを見ていたが、紅い光はついて来ない。

Sくんはそろそろとスピードを上げた。

下りのカーブでタイヤが鳴る。

ミラーに紅い光が閃いた。

さっきより近い。

Sくんはスピードを落とした。

叔父さんが入院している病院まで、あと十キロほどだ。

苛々《いらいら》しながら法定速度で坂を下る。

紅い光はゆっくりとついてくる。

結局、そのまま峠道が終わるまで、紅い光はついてきた。

道が平坦《へいたん》になり、街に入ると後ろの紅い光も見えなくなった。しかし、車通りのある道路でむやみに加速も出来ず、病院に着いたのはアパートを出てから一時間ほどたった頃だった。

間に合わなかった。

すでに、Sくんの父母や親戚《しんせき》が亡くなった叔父さんのベッドの周りに立っていた。

病室に入ってきたSくんを見て、目を泣きはらした彼の母親が言った。

「あんた、最後まで心配かけたね」

なんのことか判らず、Sくんは黙って母親の顔を見ていた。

Sくんの母は新たな涙を流しながら微笑《ほほえ》み、言った。

「危ねじゃS。スピード落とせ。って、叔父さんずっと言い続けてたのよ」

採話No.076　灰色のサラリーマン

どこの都市にでもあるような、飲屋街。ちょっと前まであった店が潰《つぶ》れていたり、経営者が変わっていたりすることはよくある。

その店には〝灰色のサラリーマン〟が出た。

夜半、ふと気がつくと壁から上半身が迫《せ》り出している。きちっとした身なりをした、眼鏡をかけた中年男だという。

ただ、上半身を突き出しているだけでも迷惑なのに、その灰色のサラリーマンは、その店で働いている若い女性を気に入ってしまったらしい。

ストーカーのようにその女性が行く場所に出没するようになった。

友人のFさんがその店に行ったとき、その女の子はぶすっとした顔で語った。

「あいつ、昨夜も出たんだよ」

「部屋にか？」

「ファッションホテル」

「……」

どうやら、灰色のサラリーマンは、その女の子が恋人とよろしくやっている最中、ずっと壁際に佇《たたず》んでいたらしい。

その女の子に取材したいと思ったのだが、もうその店はなく、彼女の行方も判らない。

採話No.029　石屋さんの話

友達の石屋、Ｉさんの話である。彼はとても腕が良く、斬新なアイディアを駆使した美しい墓石を作る。

Ｉさんはいつも手首に数珠《じゅず》をはめている。

ある日、クレーンで墓石を設置している最中に、その数珠が弾《はじ》け飛んだ。

今までそんなことはなかったので、不吉な予感を感じた。

そして、地面に散った珠《たま》を集めていると――。

ドスン！

今まで立っていた場所に、墓石が落下してきた。クレーンのワイヤーが切れたのだった。

数珠が切れなければ、確実に墓石の下敷きになって死んでいた。

「いろいろなものに護《まも》られているんだよね」

とIさんは言う。

墓石に対する想《おも》いや、遺族に対する態度を見ていると、彼は本当にたくさんの〝ものたち〟に護られているのだと思う。

採話No.042 視点

知人のRさん――ぼくの友人のお母さんである――の話である。

ある夜、Rさんは不思議な夢を見た。

Rさんは座敷を見下ろしている。

座卓や茶箪笥《ちゃだんす》やその配置から、隣家の茶の間であることが判った。その家には老夫婦が住んでいて、Rさんとも仲がよく、よく遊びに行き来していた。

しかし――いままで観《み》たことのない視点からの光景である。

目ざめてからRさんはその視点の正体を確認するために隣家を訪ねた。

茶の間に通されて、Rさんは昨夜の視点を探した。

部屋の高い位置――。Rさんの眼《め》はそこにあるものに釘付《くぎづ》けになった。

神棚である。

昨夜の視点は、神棚の左側から見下ろした光景だった。

採話No.043　背中の子供

これもまたRさんの話である。

十年ほど前のことである。

Rさんは盛岡市の郊外に住んでいた。用事があって市外にでかけ、夕方近くに盛岡駅へ戻った。

自宅までタクシーで帰ろうと、駅前で客待ちする一台に乗り込んだ。

帰路の半ばほどで運転手が遠慮がちに訊いてきた。

「すみません、お客さん。背中の子供は、お客さんのお子さんですか？」

冗談を言っているのかと思った。

当時、Rさんは五十代前半。背負うような子供がいる年齢ではない。

「背負《しょ》ってねぇよ」

とそっけなく言うと運転手は、

「そうですか。失礼しました」

と言って、それきりその話はしなかった。

Rさんも別に大した意味を感じずに家の前で車を降りるまで運転手に問いただすこともしなかった。ごくしぜんに交わされた会話は、怪異と結びつくことなく、Rさんの中で処理されてしまったのだ。

しかし――。家に入ってから思い出してぞっとした。

運転手は何を見たのか？

おそらく、子供を背負っているには（母としても祖母としても）中途半端に見えたに違いない。

いや、それにしてもなぜわざわざ「お客さんのお子さんですか？」と、訊いたのだろう？

客にも色々な家庭の事情があるのだからと、そんな質問は遠慮するはずではないか。

だとすれば、その子供は質問せざるをえない姿をしていたのではないか？

タクシー会社も判っていたので、Rさんは何度か電話をかけてその運転手から事情を聞いてみたいという思いにかられたが、結局そのままにしていた。

きわめて正しい判断であったと思う。しかし、その話をうかがいながら、是非とも運転手から話を聞いておいて欲しかったと思った。

第二章　Y先輩のお父さんにまつわる話

ぼくが大阪のY先輩の家を訪ねたのは今年の二月だった。ぼくが本書の執筆を始めることを知って、幾つか話があるから聞いてくれと電話してきたのである。Y先輩とは十年ぶりの再会だった。少しやつれたような印象があったが、にこやかにぼくを家に招き入れてくれた。仏間に通され、線香を上げた。

ぼくは不思議なモノを見て首を傾《かし》げた。経机の上に小さな器が二つあって、水と飯が入っている。どんな意味があるのか質問しようとした時、先輩が話し始めたので機会を逸した。

Y先輩は一昨年の夏にお父さんを亡くされた。その前後、いくつも不思議な出来事があった。菩提寺《ぼだいじ》の住職が、そういう出来事を語ってあげるのも供養だからと言ってくれたので、お前に話す気になった。と、言った。

採話No.002　黒い粉

Y先輩のお父さんが腹部と背中の痛みに耐えかねて、病院に行ったのは一昨年の春。

診断の結果、末期ガンと判《わか》った。

手術は出来ず、抗癌剤《こうがんざい》での治療が始まった。

二週間ほど入院し、点滴で抗癌剤の投与を受け、また二週間ほど退院し――という生活を繰り返した。

病状が思わしくなく、Y先輩のお母さんが時々泊まり込んだ。Y先輩が交替で泊まることもあった。

二回目の入院の間だった。

Y先輩がお母さんと交替して病院から帰り、風呂《ふろ》に入って一休みしている時のこと。先輩の奥さんが書斎《しょさい》に入ってきて、ちょっと来て欲しいと言った。

なんだか不安そうな表情だったという。

「あなたがお風呂に入ったあと、洗濯に残り湯を使ってたんやけど」

奥さんが指さした風呂桶《おけ》の中に、なにか黒いものが沈んでいた。

よく見ると、細かい砂のようなものがあちこちに溜《た》まっている。総量は大きなスプーン一杯ほどだろうか。色は真っ黒である。

「いつもなんよ」

「いつもって?」

「病院に泊まった人がお風呂に入った後、必ずこの粉が溜まっとるんよ」

Y先輩は、残り湯の揺れに合わせて湯船のそこで踊る黒い粉を見て、背中が寒くなった。

色々な良くないものが凝り固まって出来ているような気がした。

「気味が悪いから流しといて」

先輩は言って風呂場を後にした。

それから風呂に入るたびに気をつけて湯船の底を見るが、一度も粉を見たことがない。

しかし、湯を流すだんになると底に溜まっているということを繰り返した。

「ほんでも、お父さんが亡くなりはってからは、一度も沈んでないんよ」

コーヒーを運んできた奥さんが言った。

採話No.００３　におい

Y先輩のお父さんは三度目の入院から還《かえ》ることなく、亡くなった。

入院の最中、Y先輩と奥さんは時々お父さんを感じていたという。

それは《におい》だった。

家の中のあちこちでお父さんのにおいを嗅《か》いだのだという。

「気のせい言われればそれまでなんやけどね」

Y先輩は言う。

「住んでる人のにおいは、家の中に染みつくわけやから、親父《おやじ》のにおいがしても変ちゃうんやけど、どこからともなく漂って来るいうんやなくて、そこにあるんや」

Y先輩と奥さんが経験した〝におい〟とは、こんな具合だった。

家の中を歩いている。すると、突然、お父さんが使っていた整髪料のにおいや、体臭に〝ぶつかる〟のだそうだ。

「においの塊が浮かんでるんや。そこに入るとにおいがするし、出ると消える。ちょうど、一抱え出来るぐらいのにおいの塊が浮いてる感じやな」

それは、先輩と奥さん、どちらかが感じるのではなかった。一方を呼んできてそこに立たせると、強くそのにおいを感じるのだという。

何度か二人でそれを確かめたあと、その現象は日常となった。三度目の入院の頃にはお母さんもそれを感じるようになったという。

「においがすると『あっ親父が還って来てる』って言って、好きなテレビ番組のチャンネルに変えてやったりしてた」

「お父さんには家に戻ってきているって意識はあったんですかね」

ぼくは訊《き》いた。

「親父は何も言わんかったな。それに確かめることもできへんかった。親父に言えるわけもないしな。魂だけ病院から抜け出して来とったなんて」

その後Y先輩は、ガウン姿のお父さんが庭先に立っているのを目撃している。

そして、夏の暑い盛りにY先輩のお父さんは亡くなった。

採話No.004 知らせ

「人が亡くなると、よく知らせがあるって聞きますけど、なにかありましたか?」

不躾《ぶしつけ》だとは思ったが、ぼくは訊いた。

「親父が息を引き取った時、家族は全員枕元《まくらもと》にいたからな……。ああ、せやけど近所のTさんがそんなこと言うとったな」

Y先輩のお父さんが亡くなったのは土曜日の午前中だった。

Tさんは仕事が休みだったので、家でのんびりしていた。

と、突然、屋根の上に何か重い物が落ちてきたような音がした。びっくりして立ち上がり、屋根を見に行こうとすると、ドスン、ドスンと屋根を踏みならす。

誰か屋根に登っているらしい。真っ昼間に、こんな大きな音を立てる泥棒もないだろうと思ったが、こわごわ二階に上ってみた。

音がしているのは二階建てになっていない一階部分の屋根である。ベランダに出てみれば何ものが屋根に乗っているのか判るはずだ。

しかし――。屋根には誰も居なかった。

それからしばらくしてY先輩の家の辺りが騒がしくなって、Tさんは理解した。

「親戚《しんせき》にも知らせに行かなかったようなんやけど、なんでTさんの所にだけ行ったんかねぇ」

とY先輩は不思議そうに言った。

小説ならば何か伏線が在りそうなものだが、現実に起きるこういった現象の場合、生きている人間には脈絡《みゃくらく》が判らないというのはよくあることのようだ。

採話No.005　本七日

霊柩車《れいきゅうしゃ》で病院から遺体を運び、その日の内の納棺。翌日の火葬。

ほっと一息ついたのは火葬場からまだ温かい骨箱を持って帰って来た後だという。

何もかもが悪夢の中の出来事のようだったとY先輩は言った。

生きている顔と死に顔とでは、まるで印象が違うことを初めて知った。人相はそっくりだが、まるで別人が棺《ひつぎ》の中に横たわっているような気がした。骨になって祭壇に安置されても、死の実感は遠かった。どこかに旅行へ出かけているというような思いがいつも心の中にあった。

それでも初七日の法要《ほうよう》を終え、多くの弔問客《ちょうもんきゃく》の前で喪主《もしゅ》の挨拶《あいさつ》をした後、なんとなく一区切りがついたような気がした。

休日を選んで法要を行ったので本当の初七日は次の日だった。

初七日を終えれば、四十九日の法要まで間がある。一家は疲れ切った身体《からだ》をやすめようと思った。

本七日の夜。いつものように老犬の夜の散歩に出ようとY先輩の奥さんは庭に出た。

しかし、呼んでも犬は現れない。

不安を感じて奥さんは庭中を探し回った。

フェンスにも塀にも、抜け出せるような穴はない。出入り口のしおり戸もしっかりと鍵《かぎ》がかかっている。戸と地面との間も、犬が抜け出せる隙《すき》はない。

奥さんはY先輩を呼んだ。

Y先輩は、絶対に外へは出られないはずだと思いながらも、外に探しに行くことにした。

Y先輩の家は住宅街にあり、細かい路地がたくさん通っている。絶望的な思いに駆られながら、小一時間探していると、隣家の主人が車で通りかかった。

「犬、探しとるんか?」

窓を開けた隣家の主人が訊いた。

「ええ。どこからも出られないはずなのに、姿が見えないんです」

「せやったら、やっぱりあれはあんたんとこの犬やったんやな。坂を下った煙草屋《タバコ》のあたりで見かけたんや。よう似とる犬やな思うとったんやが、早《は》よ乗り。一緒に捕まえに行こ」

言って、隣家の主人はY先輩を乗せ、煙草屋へ向かった。

「なんとか捕まえて家に帰って来たんやけど、どうにも腑《ふ》に落ちない。絶対に、どこにも抜け出す所がなかったんや。で、親父が連れて行こうとしたと思った」

Y先輩は苦笑いする。

「死んだ人のせいにするなんて、おれもどうかしとったんやな。祭壇の遺影に向かって『いい加減にしてくれよ!』って怒った」

すると、突然、パッと家中の電気が消えた。

今まで滅多なことではブレーカーが落ちたこともなかったので、家族は驚いた。

懐中電灯で台所の配電盤を調べるが、異状はない。外のブレーカーを見に行ったら、それが落ちていた。

「うちの契約、二百アンペアなんやで。こりゃあ、親父が怒っとるなって思った。慌てて遺影に謝ったよ」

次の日、明るくなってからもう一度庭を調べたが、やはりどこにも逃げ出す場所などなかったという。

Y先輩の奥さんは言う。

「煙草屋さんって、ちょうどこの家から西の方角にあるんよ。うちの犬は西へ西へと歩いて行ったらしいんよね。西っていえば、西方浄土《さいほうじょうど》。きっとお父さんを追っていったんやなって」

老犬は今でも元気にY先輩の家で飼われている。

採話No.006 骨箱

四十九日が来る前に、Y先輩のことを取り上げた雑誌が発売になった。先輩は美術関係の仕事をしていて、そのインタビュー記事が載ったのであった。

雑誌社から送られてきた写真入りの記事を、祭壇の前に置いて、先輩はお父さんに報告した。

Y先輩の家は分家なのでまだ墓をもっていなかった。納骨は墓が出来てからということで、骨箱はまだ祭壇の上に安置されていた。

インタビューは先輩のお父さんがまだご存命の頃に行われたものだった。ただ、お父さんの容態が思わしくないので、いつ病院へ飛んでいかなければならないか判らない。そうなったら東京から訪ねてくる記者に申し訳がないので断ろうかどうしようか迷ったそうである。

しかし、電話でインタビューをする方法に切り替え、なんとかなった。

先輩がお父さんの遺影と話をしていると、先輩のお母さんが入ってきて、

「あら、出たんやね、父さん、先に読みますよ」

と言いながら、祭壇の前に置いた雑誌を取り上げた。

その途端、バンッという大きな音を立てて、骨箱が鳴った。

先輩は「あっ親父が怒ってる」と思ったそうだが、お母さんは気づかずに記事を読み続けている。

すると、天井が鳴りだした。

苛々《いらいら》しながらテーブルを弾《はじ》くように、
パシッパシッパシッ
と等間隔で鳴り続ける。

「母さん。父さんが先なんだから」

と、見かねて先輩が言うと、

「ああ、せやったね。ごめんごめん」と、お母さんは雑誌を祭壇の前に戻した。

天井の音は消えていた。

「おれ、あんまり霊の存在を信じる方やなかったけど、あん時の音はびっくりした。よく

柱や梁《はり》がパシッて鳴ることあるやんか。あの比やなかったもん」

「お母さんはなぜ気がつかなかったんでしょうね」

「お袋、耳が遠くなってきたからな」

と言って先輩は笑う。

採話No.007　無縁さま

四十九日の朝。菩提寺《ぼだいじ》の住職がお経を上げに来た。すごく人のいい和尚《おしょう》で、いつもニコニコしている。

法要を終えたら墓が出来るまで遺骨は寺で預かってもらうことになった。

その後、遺影と遺骨を持って法事の会場に向かった。

すべて滞り無く仏事を終え、家に帰った先輩は『おやっ?』と思った。

家の中の様子が違う。

何がどう違うのか言葉にはできなかったそうだ。

その夜までずっと、何が違うのか考え続けたのだという。

そして仏壇にお休みの挨拶をしに行ったとき、その答が見つかった。

「静かやったんや」

「それまでうるさかったんですか？」

「どう言うたらええかな……。目に見えない人が一杯、周りに立っていた雰囲気って言えばええかな。その時まで全く気づかなかったんやけど、それが無くなって初めて気づいたんや。ああ、今までは耳に聞こえないざわつきがあったんやって」

「色々集まってたんですかね」

「ああ。無縁さんやないかって思う」

「無縁仏？」

「うちでは新仏やから、家族で一生懸命、朝昼晩と何度も拝むわけや。それこそ日に十回も拝む。だから、自分も何とかして欲しいと思って無縁さんが寄って来るんやろうな。そう思って思い出すと、四十九日が来るまでの間、時々、仏間でもやもやした煙のようなものを見た。最初は線香の煙かと思ったんやけど、消えてから何時間も経《た》ってももやもやと漂うとった。それが、四十九日を境に綺麗《きれい》に無くなったんや」

それでも時々、仏間に気配を感じることがあるのだと先輩は言った。それは亡父の気配ではなく、見知らぬ人の気配のような気がするという。

自分も一緒に拝んで欲しいと思う無縁仏がやって来ているのだと先輩は思った。

そこで、一緒に供養してやる方法を寺の女将《おかみ》さんに訊いた。

「で、それ以来、うちの経机には無縁さん用のご飯と水が供えてあるんや」

線香立ての前に置かれたご飯と水。ぼくが疑問に思ったものは、そういう理由で置かれているのだった。

採話No.008 廊下を歩く者

Y先輩はいわゆる〝よく観《み》る〟人だった。しかし、最近はあえて見ないようにしているのだという。

「そりゃあ、親父には会いたいで。幽霊でも良いから会いたいっていう気持ちはあるんや。せやけどな、幽霊になった親父と向かい合うっちゅうんは、親父の死を完全に認めてしまうことになる。確かに、親父は死んで火葬にされて、今は墓の下や。それは判っとんねんけど、幽霊の親父と会って、もうこのモヤモヤした親父としか会えんようになってしもたという事を心に刻まれてしまうのが怖いんや。判るか？ このニュアンス」

わたしも父を亡くしたばかりだから、先輩の言葉は身にしみて判った。

そんな先輩が、葬儀からしばらくの間、時々目にしていたものがあるという。

子供である。

和服を着た子供が仏間から玄関に通じる廊下を歩いていくのだそうだ。

「だいたい、親父に『おやすみなさい』の線香を上げに来たあとやから、午後九時過ぎかな。扉を開けると、玄関の方へタタタタッと歩いていく。半透明で、長い袖《そで》をヒラヒラさせとるのが見える。女の子の振り袖やと思う」

先輩は無縁さんの一人だと思って放《ほう》っておいたという。

「ところが、後から出てきた話や、以前聞いた話と妙に符合する所があってな」

以下三話は廊下を歩く者にまつわる前後談である。

採話No.009　座卓の手形

「確か、四十九日の法要から帰ってきた後やったと思う――」

先輩は座卓に妙なものを見つけた。

手形である。

先輩の仏間にある座卓は紫檀《したん》で、天板は半艶《つや》の仕上げがしてある。実際にわたしも手形をつけてみたが、掌《てのひら》の脂がはっきりと残る。

「たいてい、お客さんは障子《しょうじ》側に座ってもらうから、そっち側に手形が残るんや」

手形が残るのは当たり前だが、それがあまりにも小さすぎたという。

「親父が亡くなってから、毎朝おれが仏間の掃除をすることにしていた。だから、座卓はその日の朝に綺麗に拭《ふ》いておいたんや。だから、そっち側に座ったのは、朝に拝みに来てくれた和尚さんだけ」

「でも」と先輩の奥さんが話を継いだ。

「子供の手形やったんです。あたしも、主人が『これ、なんやと思う?』言うから見に来たんですけど」

そしてなにより、その日は親戚などの小さい子供は家に来ていない。

先輩夫婦には子供がいない。それにその日は親戚などの小さい子供は家に来ていない。

しかし、和尚さんのものと思われる手形は別についていた。

「和尚さんのお経で、集まってた無縁さんは一斉に成仏したんやと思っとったんやけど、子供が残っとったんやね」

先輩は、その子供がこの家に因縁《いんねん》のある者ではないだろうかと思ったのだそうだ。

採話No.010　お地蔵さん

そして、三ヶ月ほど前、先輩は用事があってある小都市に出かけた。商店街を歩いていると、ふっと目が引き寄せられたショーウインドーがあった。

民芸品の店だった。先輩の眼《め》を引きつけたのは、小さな陶器のお地蔵様だった。

陶芸作家の作品で、ずんぐりした身体と丸い顔、突き出したような口がとても愛らしかった。

先輩はすぐに店に入ってその地蔵の値段を訊いた。さすがに作家モノで結構な金額だった。

しかし、先輩はすぐに購入を決めた。

いつもは衝動買いなどしないのに、その日は、なぜかそれを買って帰らなければならないと思った。そう思ったことさえ不思議だとは考えなかった。

「あらかじめ計画していたものを買う感覚やな」

先輩は家に持ち帰った後、地蔵さんをどうするかで困ったという。

「下手に拝むと妙なものが入り込むっちゅう話も聞いたことがあって、家内やお袋に相談した。そんなら飾り物として置こうということになった」

玄関に小さな盆を置いて白砂を敷き、地蔵さんを置いて小さな一輪挿《ざ》しに野の花を飾った。わたしも玄関先でそれをみたが、とても趣味の良い、気持ちがホッと安らぐ飾り物になっている。

「飾ってから、はっとしたんや。全部つながっとるやないかってな」

もしかしたら、廊下を歩く、座卓に手形をつけた子供が、地蔵を欲しがったのかもしれないと。

そして、子供に関するずっと以前の話を思い出した。

採話No.011　友達が見たもの

「その日は友達二人が泊まりに来て座敷で酒を飲んどったんや。まだ親父が生きている頃で、仏壇は置いていなかった」

二人の友達も〝よく観る〟人だった。

そういう人間が集まると、話は怪談に傾いていく。その夜もそうやって怪奇な話がはじまり、しばらくしてお決まりのラップ音もしはじめた。

そして、二人が見たのである。

「あっ子供が居《お》るっちゅうんや」

床の間の側に子供が座っているのを二人は見た。先輩には見えなかったそうだが、二人は子供の存在を強く主張した。

「その時は見えなかったから、繋《つな》げて考えなかったんやけど、ずっと昔におれも見とるんや。この家の中で、子供を。おれは座敷童《ざしきわらし》やと思うことにしとったんやけどな」

ずっと前から家にいた子供――。

それは先輩のお母さんの想《おも》い出にも繋がっていた。

先輩のお母さんは、先輩を産んで数年後、流産したという。しかし、子供が流れてしまった形跡もはっきりしなかったので、ずっと気に掛かっていたのだそうだ。とりあえず、先輩のお祖父《じい》さんがお寺で戒名《かいみょう》をもらってお墓に入れたのだという。

もしかすると、その子なのかもしれないと先輩は言う。

「うちは親父が初めての仏さんやったから、墓を建てなければならんかった。せやからね、墓にモニュメントを置くかっちゅうことになってな。ほら、水子が出た家はお地蔵さんを建てたりするやないか。お袋はまだ流産だったかどうか釈然とせんようやったから、ちゃんとした形のお地蔵さんやなくてモニュメントを建てて、拝もうかってな」

採話No.012　石屋さんと一緒に来た者

一般的な墓は建てたくない。と先輩は思った。昔からある型式ではなく、自分の想いをこめられる墓を建てたいと。

そこで葬儀屋さんに腕のいい石屋さんを紹介してもらった。若いけれど腕が良く、斬新なアイディアを持っている方だった。

図面を自ら引き、何度か打ち合わせをしてから制作に入った。

「何度目の打ち合わせの時やったかな……」

夕方、玄関先で犬が吠《ほ》えた。

先輩の家の犬は完全な番犬タイプで、家族以外の人間が敷地内に入ろうとすると必ず吠える。当然、石屋さんも来るたびに吠えられた。

しかし、その日は様子がおかしかった。

いつもなら、来客が玄関に入ると犬は役目を終えてなきやむ。だが、いつまで経っても吠え続けているのだ。

先輩の奥さんが様子を見に犬小屋近くの窓から覗《のぞ》くと、犬は誰も居ない玄関に向かって吠えているのだった。耳を後ろに倒して狂ったように吠え続けている。

夕闇《ゆうやみ》が迫る玄関先は、残照に黄色っぽく照らされていて何やら異様な雰囲気がしたという。

奥さんは外に出て、しばらく犬をあやしていたが、その間中、犬は耳を倒したまま玄関から眼を離さなかった。

石屋さんが帰った後、奥さんは先輩にそのことを語った。

先輩は深く頷《うなず》いて、石屋さんが玄関に入った時の第一声を再現した。

「すみません。現場から来たもんで、汚い恰好《かっこう》してます」

石屋さんはどうやら〝現場〟から誰かを連れてきたらしい。

採話No.０１３　消えた医療費

四十九日の法要も済み、病院から最後の医療費の請求が来て、先輩のお母さんは銀行からおろしておいた現金を茶の間で分けていた。医療費と法事の料金である。

まず医療費の全額を数えて座卓に置いた。

次に、法事に掛かった費用を数えて請求書に重ね、医療費の横に置こうとした。

お母さんは自分の目を疑った。

つい今し方置いたはずの医療費が無い。

どこか別の所に置いたか、座卓の下に落ちたか……。お母さんは慌てて辺りを探した。

しかし、どこにも無いのだ。出納簿《すいとうぼ》に挟んだのかと、全てのページを丹念《たんねん》に捲《めく》った。そうしなくても十万を越える金額である。厚みがあるから何かに挟んだのなら一目でわかる。

混乱したお母さんは先輩と奥さんを呼んで、家の中の大捜索となった。

「でも、出てけぇへん。お袋は自分がボケてしもたんやないかとえらい心配してな。しゃあないから、また親父のせいにしてもたんや」

そのお金はお母さんの口座からおろしたものだった。

お父さんの口座は、死んですぐに凍結されて、相続の手続きが済んでいないので引き出しができなかった。

先輩のお父さんは入退院を何度か繰り返していたのだが、そのたびに「自分の医療費は自分で払う」と強く主張し、お母さんにお金を出させなかったのだという。

「きっと自分の金で医療費を払いたかったんや」

と先輩は言い、相続の手続きが終わった時点でお父さんのお金で最後の医療費を払った。

「せやけど、まだその十万、見つかってへんねん。本当に親父が持っていったか、この家の中のどこかにあんねんな」

先輩は「見つけたらお前にやるで」と言って笑った。

採話No.014　起こしてくれる

先輩の家で飼っている犬は、朝夕二度の散歩をする。朝は亡くなったお父さんが担当し、夕方は先輩の奥さんが担当している。

お父さんが入院した時から、朝の散歩はお母さんの役目になった。それも、病院に看病のために泊まり込むようになってからは、先輩の奥さんが担当していた。

「おれがやればいいことやねんけど、仕事がハードやから、家内に全部頼っとった」

と、先輩はすまなさそうに言う。

お父さんが亡くなって、朝の散歩はお母さんの役目に戻った。

火葬が済んだ翌日である。

朝早く起きる自信が無いお母さんは目覚ましを二つ用意して寝ることにした。

ところが――。

誰かが肩を揺する。

はっとして目覚めると、戸外が少し明るい。

枕元の時計は午前四時十五分。あと五分でベルが鳴る。

お母さんは起き出して、準備をし、犬の散歩に出た。

誰かに肩を揺すられたと思ったが、きっと気のせいで、早起きしなければならないと気が張っていたから目が覚めたんだ。お母さんはそう思い込むことにした。

しかし、次の日の朝――。

誰かが肩を揺する。

はっとして目覚めると、戸外が少し明るい。

枕元の時計は午前四時十五分。あと五分でベルが鳴る。

お母さんは起き出して、準備をし、犬の散歩に出た。

そんな日が何日も続いた。

お母さんは、お父さんが起こしてくれるのだとニコニコしながら先輩に語ったという。

「心理学的に説明のつくことなんやろうけど」と、先輩は苦笑いする。

「せやけど、そんな解説をするよりも、お袋が親父に起こしてもらっとるんやって思ったほうが、なんか、幸せやんか」

採話No.０１７ 居酒屋

「四十九日の前やったけど、友達に飲もう言われて居酒屋へ行った」

先輩の友達Oさんは先輩を元気づけようと飲み会に誘ったのだった。その日は賑《にぎ》やかにしようということで、共通の知人Uさんも同席した。

Oさんの奥さんも一緒に来る予定だったが、仕事の関係で遅れるということで、居酒屋の掘り炬燵《ごたつ》式のボックス席には最初三人が座った。テーブルの一方は壁に寄せられ、その反対側は通路になっている。テーブルの長辺片側二人ずつ、四人がけの席である。

ゲストである先輩はOさんUさんと向かい合って一人で座った。

お父さんの入院、死、葬儀などで精神的にも肉体的にもまいっていた先輩は、久し振りの友人との談笑に、少しずつ安らいだ気分になっていくのを感じた。

小一時間ほどたって、Oさんの奥さんが到着した。Oさんはすぐに気がついて手招きした。

「入り口から入ってきた奥さんは、テーブルに向かって歩いて来たんやけど、すぐに当惑したような顔になって立ち止まったんや」

先輩はOさんの奥さんとは初対面だったが、Oさんから奥さんもよく観る方だと聞いていたことを先輩は思いだしたのだ。

旦那《だんな》さんのOさんが何度か座るように促しても、奥さんは一つだけ空いている先輩の隣の席を見ながらなかなか座ろうとしない。

「それで、おれはハッとした。その日は、親父も一緒に飲み会に連れてこうと思って、遺髪をポケットに入れとったんや。それで、『ああ、奥さん。親父を連れて来とりますが、気にせんでください』って言うと、奥さんはニッコリ笑って頷いて、おれの横に座った」

奥さんはおとなしい人で、先輩たちの話を黙ってニコニコしながら聞いていたという。

先輩は初対面の方に色々聞くのも気が引けると思い、奥さんが席に座るのを躊躇《ためら》った理由を聞けずにいた。

「一年近く前の話やから、そのあたりちょっと覚えてへんねん」

先輩は申し訳なさそうに頭を掻《か》いた。

「せやけど、奥さんが〝におい〟の話をしたことだけ覚えとる」

「におい、ですか」

「たしか、親父がいたかどうかを聞いて、なぜ判ったのかを質問したら、奥さん『におい』言わはったんや。で、『どんなにおいでした？』って聞いたら、奥さん『親父臭いにおい』って笑わはったんや。おれの親父に関しては、なんやら〝におい〟がキーワードのようやなと思った」

その後、先輩はぼくの取材のためにOさんから奥さんが何を見たのかをあらためて確認してくれた。

あの日、奥さんは先輩の背後にお父さんのニコニコ笑ってる姿を見ていたのだそうだ。

しょっちゅう〝人ならぬモノ〟を観る方ではなかったので戸惑ったのだという。

――ここからは、二軒目の店で宴もお開きになり、先輩を見送った後のOさん夫婦の話になる。

家に帰る途中、奥さんは、Oさんに言った。

「あまり喋《しゃべ》らへんかったから、暗い人と思われたかな?」

「へたにクチバシを挟むよりもええんちゃう」とOさんが言うと、奥さんは急に納得したように、

「ああ、そういうことか」

と、声を上げた。

Oさんは脈絡を見失って奥さんに説明を求めた。

「実は、二軒目の店で――」

奥さんは、先輩のお父さんが自分に向かって口をぱくぱくさせているのに気づいた。

唇が言葉の形に開いている。

奥さんは声なき口の動きを読みとろうとじっと見つめた。

「ク・チ・バ・シ。ク・チ・バ・シ」

と、その唇は動いていたのだという。

「Oさんの奥さんへのメッセージのほかに、なにかおれ宛《あ》てのメッセージも込められていないかと考えてみたんやけど、今のところ〝クチバシ〟って言葉に当てはまることは思い

出されへん」先輩は言った。

「無くなった十万円に関するヒントやったら有り難いんやけど」

採話No.018　親父の匂い

先輩は〝観る人〟ではあるが、心霊現象というものに懐疑的である。おおよそのことは心理学的、物理学的に証明できると思っている。だが、そんなもので割り切ってしまうより〝何かがあった〟と思っている方がずっと満たされることもあるのだと言う。

そのあたりのスタンスはわたしと同様である。

お父さんが亡くなってから、先輩を含む家族は時々、お父さんの存在を感じることがあるという。

つい今し方までそこに居たのだと思われる現象がよくあるというのだ。

それは、匂《にお》いである。

Oさんの奥さんが観た話に出てくる《においがキーワード》というのはそういうことである。

前述した入院中の出来事のように、家のあちこちでお父さんの匂いがするのだという。

場所は決まっていない。まるで今、目の前を横切ったようにすっと整髪料の匂いが漂う。

奥さんは自分の車の中で感じたという。

お母さんは、風呂場。湯加減を見にお父さんはくわえ煙草で浴室に入ることが多かったらしい。

その時の湯気に混じった煙草の煙の匂いが、お父さんが亡くなった今でも時々するのだという。

この話を聞いているときも、先輩は「ほら」と言って、空中を指さした。

言われるままに、先輩の座っていた位置に移動すると、確かに整髪料の匂いが漂っていた。それはわたしも使ったことのある国産のメーカーのもので、なじみのある匂いは間違えようが無かった。

先輩が使っているのは無香料のもので、念のために風呂場や脱衣所を見せてもらったが、その整髪料は無かった。お父さんが亡くなってからすぐに処分したのだという。

採話No.015　ネコヤナギ

「霊の存在についても半信半疑やから、霊媒師《れいばいし》っちゅうもんもあんまり信じてへんのやけど」

と、先輩は苦笑いする。

先輩のお母さんが、どうしても『お父さんから話を聞きたい』ということで、霊媒師を訪ねることにした。

「おれは行かんことにした。まだ精神的に立ち直っとらへんのに、もっともらしい話を聞かされたら変な方に転がって行きそうやったから」

見料などがさほど非常識な金額でもなかったので、一人でも大丈夫だろうとは思ったが、親戚の女性に付き添ってもらうことにした。

八ヶ月目の命日に、先輩のお母さんは出掛けることになった。

霊媒師は桃の枝とネコヤナギの枝を持ってくるようにとお母さんに告げていたので、その日の朝、お母さんは老犬の散歩をしながらネコヤナギを探した。

どこにでもあるようなネコヤナギであるが、探してみるとどこにも見あたらない。

考えてみれば、昔ならどこにでもある植物だったが、住宅が建ち並んでしまって空き地もほとんどない状況では、もうこの辺りには無いのかもしれない。こうなったら、息子に話をして車を出してもらおうか――。

そう思っていると、足腰が弱ってあまり散歩をしたがらなくなった老犬が、猛然と歩き始めた。

保守的な〝彼〟は散歩のコースを逸脱することはないのだが、その日は今まで歩いたことのない小路《こみち》に歩み込んだ。

そして――。彼が立ち止まったのは雑草や若い雑木が生い茂った空き地の前だった。

目の前に、ネコヤナギの群落があった。

採話No.016　霊媒師

霊媒師の元から帰ってきたお母さんに先輩は「満足した?」と、訊いた。

お母さんは頷いて、霊媒師が語った《お父さんから先輩への伝言》を語った。

『お前はおれに性格が似ているからそれが心配だ』

生前の先輩のお父さんを見知っているが、なかなか短気な人で、確かに先輩によく似ていた。

『仕事を変えてしまえば、あっちで一ヶ月こっちで一ヶ月と、働かなければならなくなる。早まって決めてはならない』

「その話を聞いてちょっとびっくりしたんや。お袋はその霊媒師におれのことは喋らなかったらしい。せやけど、おれが今の仕事を辞めようと考えていることを見抜いた。ちょっとだけ霊媒師っちゅう職業を信用する気になりかけとる」

採話No.026　老犬の死

取材が終わってしばらくしてからY先輩から電話があった。

『じつは、あの老犬、昨日死んだんや』

先輩は言った。

お父さんの本七日の日に家を抜け出した犬のことである。

『ここ数日で急に衰弱してな。あっという間やった』

「それはお気の毒でした」

『ショックなことはショックやけど、十五歳の老犬やから、大往生やで。それに、奴が希望した通りになったようやし』

「希望した通り？　どういうことです？」

『昨日は、親父の命日なんや』

「あ……」

『それも、親父が死んだ時間と同じ、朝六時五十分。あの日と同じにおれが枕元におった。そして、親父と同じように、息を引き取る寸前に首を挙げておれの顔を見たんや』

ぼくは一瞬、先輩のお父さんが犬を連れて行ったのではないかと思った。しかし、先輩は、

『あいつ、どうしても親父と一緒に行きたかったんやろうな。こっちが連れ戻したから、

十ヶ月辛抱してくれたんやろ。今ごろ、尻尾《しっぽ》振りながら、必死で親父を追っかけとるで』

と、言った。

一つの出来事でも、体験者や聞く者の心の持ち方一つで、解釈は大きく異なるのだと思いながら、ぼくは受話器を置いた。

＊　＊

Y先輩のお父さんの死にまつわる様々な話は、意地悪な見方をすれば、精神的に参ってしまっている家族が、父親の霊が存在すると信じようとすることによって精神の安定を辛うじて保っているように見えなくもない。

だが、それによって父の霊・ご本尊・無縁仏を拝む行為が、他者への思いやりへも変化しつつあるような気がした。

お父さん似で短気だった先輩は、以前よりずっと柔和になっている。

第三章　ハタ君の話

ハタ君の話をしよう。

ハタ君は、ぼくの釣り友達の一人である。フライフィッシングを通じて知り合ったが、船舶免許をとり、クルーザーに乗って外洋にまで釣りに行く行動派である。

彼も〝観《み》る人〟ではあるが、けっして霊の存在を声高に主張することはない。信じない者に対して、証明できないものを「在る」と叫んでも所詮《しょせん》無駄なことを知っているからである。

採話No.019　正夢

「高校の頃の話なんです。だから、そう、十六年くらい前かな」

ハタ君に誘われて飲みに行った時、不思議な話の水を向けたぼくに、彼は語り始めた。

ハタ君は北海道出身で、大学時代までかの地で暮らしていた。

部屋はお兄さんと一緒で、ハタ君は押入の中にベッドを造ってそこで寝ていた。

ある晩、気味の悪い夢を見た。

夜中、何かの気配を感じて眼《め》を開けた。

目に飛び込んできたのは、見慣れた部屋の景色ではない。全体が真っ白で、どこが壁か天井か判《わか》らない。そんな所にハタ君は寝ていた。

すっと何かが視界に割り込んできた。

五つ六つの丸いモノや楕円《だえん》形のモノである。ちょうど自分の真上に浮いていた。

眼の焦点を合わせると、とんでもないものが見えてきた。

茶色っぽい灰色の、しわくちゃのモノ……。象の皮膚のような質感だった。

ハタ君は、それらは顔だと思った。顔と認識したのは、二つの黒い小さな眼のようなものの存在によってだった。

それらは甲高《かんだか》い声のような音を発していた。テープの早回しをした時のような音声だった。互いに言葉を交わすそれらを、ハタ君は《宇宙人の幽霊》だと思った。

気がつくと、朝になっていた。

気味の悪い夢を見たと思いながら、学校へ行った。

授業が始まる前、仲のいい友達数人を集めて、夢の話をした。

話し終えたとき、別の友人が騒がしく教室に飛び込んできた。

「おい《宇宙人の幽霊》って知ってるか?」

その言葉に、ハタ君たちは顔を見合わせた。

友人はハタ君たちの側《そば》に寄って続けた。

「そいつらは、凄《すご》い早口で、甲高い声で話をするんだって。顔が丸いのや長いのがいて、皮膚は象みたいに……」

ハタ君たちは聞き終える前に「えぇ!」とか「げぇ!」とか反応した。

ハタ君はその時「正夢を見た」と思ったのだという。

「で、その友達はどこからその情報を得たのかな?」

ぼくが訊《き》くと、ハタ君は首を傾《かし》げた。

「ラジオだったのか、テレビだったのか……。覚えていませんね。でも、ぼくがその番組を観《み》ていないことだけは確かです」

採話No.020　肝試し

ハタ君が大学時代、札幌《さっぽろ》の居酒屋でバイトをしていた頃の話である。

「その頃は、まだ幽霊を見たことがなかったんです。その時が最初だったな」

店のマスターは霊感の強い人で怪談も好きだったので、店を閉めた後蠟燭《ろうそく》をともしてバイトたちを集め怖い話をしたりした。

そんな時、蠟燭の炎の形が不自然に歪《ゆが》んだり、使われていない部屋の中から物音が聞こえたりしたのだそうだ。

ある日。店じまいした後、怪談で盛り上がって、肝試しをしようということになった。

札幌から一時間ちょっといった所に、以前は炭鉱でにぎわっていたが、今は廃墟《はいきょ》となった集落がある。そこへ行こうということになったのだ。

怖いことが大好きなマスターのテンションは高く、

「今夜は三時半頃に凄いことが起こるぞ！」

と、はしゃいでいた。

四台の車に分乗してハタ君たちは出発した。

目的の廃墟に着いたのは、午前三時半を少し過ぎた頃だった。

目の前には五階建ての集合住宅の廃屋があった。

全員、キャーキャー言いながら、建物に入って行ったのだが、マスターと、その車に乗っていた者たちだけテンションが低かった。なんだか異様に怯《おび》えていたように見えたとハタ君は言う。

屋内は荒れ果てていた。螺旋状《らせんじよう》に続く階段の左右に部屋の扉があり、壁やドアには以前肝試しに訪れた者たちのイタズラガキがあり、床や階段にはゴミが散らかっていた。

室内も酷《ひど》いものだった。何かが腐ったような、饐《す》えた臭《にお》いが満ちていた。

懐中電灯で照らしながら、二階、三階と進んだ。

四階——。ドアが開かなかった。

無理矢理こじ開けようとすると、マスターが上擦《うわず》った声を上げた。

「止《や》めろ。開けるな!」

霊感の強いマスターがそう言うならと、みんなはそのまま五階、屋上へと昇った。

「もういいだろう。帰るぞ」

マスターの言葉に促されて、みんなは階段を下りた。

ハタ君は四階の部屋が気になったが、マスターを先頭に急いで階段を下りていくので、確かめている時間はなかった。

階段を下りきり、車に向かう途中、ハタ君は気になって、建物の四階を照らした。彼が立つ場所からは、部屋毎《ごと》に突き出したベランダが見えていた。

「あっ」

ハタ君は声を上げた。

四階のベランダに人影があったのだ。

子供を抱いた女の姿である。

それは、はっきりとした姿ではなく、ぼんやりとした黒い影のように見えていたという。

だが〝それ〟は確実に子供を抱いた女だと、ハタ君は認識できた。

「照らすな！　いいから、早く乗れ！」

マスターがハタ君の手を引き、自分の車に引っ張り込んだ。

四台の車は、廃墟を後にした。

廃墟からだいぶ離れた所で、マスターは溜息《ためいき》をついて、顚末《てんまつ》を語りだした。

じつは、廃墟に着く前に、マスターの車では怪異が起こり始めていたというのだ。

車の時計が三時半を示したとき、突然カーラジオが沈黙した。どこをどう操作しても、音は出なかった。全員が嫌な気分で廃墟に到着した。

マスターの眼には、車を出た瞬間から色々なモノが飛び込んできた。

階段の側をうろつく獣の霊。ハタ君が見た子供を抱く女も見ていた。

それは〝とても悪いモノ〟で廃屋の四階に住んでいる。そいつに気に入られる前に、廃屋を出ようと、マスターは急いでいたのだった。

「いいか、ハタ。お前は素質がありそうだから、教えておく。後頭部だ。後頭部に引っ張られるような感じがあったり、熱くなったりしたら気を付けろ。それは〝本物〟だ」

ハタ君はそれ以後、何度もぼんやりした影を見、後頭部に違和感を感じ続けている。

採話No.021 窓の外

ハタ君が大学の三年の頃、泊まりがけの《ゼミの追い出しコンパ》に出掛けた。Jという温泉地のホテルが会場だった。

参加者は、四年生から二年生まで、総勢三十名近くだった。四階の部屋を八部屋ほど借りていた。

ハタ君が割り当てられた部屋に入ったとき、変な臭いに気づいた。

「おい。臭わないか?」

ハタ君が訊いた。同室の同級生三人は首を振る。何も臭わないと言うのだ。

だが、ハタ君は確かに線香の臭いを嗅《か》いでいた。気味悪くなったハタ君は、隣室の後輩と無理矢理部屋を交換してもらった。

夕方から宴会が始まり、追い出しコンパは大いに盛り上がった。

そんな中で「確かに臭いましたよね」と、ハタ君と同じ臭いを嗅いだ後輩が話しかけてきた。どうもその後輩も霊感が強いらしいと判って、局所的な怪談会が始まった。

午後十一時頃。風呂《ふろ》に入ろうかと言い出す者がいて、ハタ君も大浴場へ向かった。

騒ぎながら露天風呂に入っていると、どこからか女の声が聞こえてきた。ハタ君たちは聞き耳を立てた。どうやら、隣の女風呂から聞こえてくるようだ。元気のいい大学生のこと。鼻の下を伸ばして『覗《のぞ》こう』ということになった。しかし……。

壁をよじ登って覗いた女風呂に、人影はなかった。屋内風呂にも誰も入っていない。声がしてから覗こうと決断するまで、時間はたっていない。

首を傾《かし》げながら、ハタ君たちは風呂を出た。

蒲団《ふとん》に潜り込んで寝ていると、顔に冷たい風が掛《か》かって目覚めた。顔を上げると、全員が蒲団に入っていびきを掻いている。そして、その向こう側。窓が全開にされて冷気が吹き込んでいた。

「誰だ。馬鹿なことして……」

二月の北海道である。窓の外には雪が積もっている。

ハタ君は窓を閉めた。

なんとなく、この部屋には居たくないと思い、別の部屋に行った。

そこではまだ酒盛りが続いていて、

「ハタが怖い話をいっぱい知っているぞ」ということで、怪談会をすることになった。

だが、始まる前に、寝る場所で混乱が起こった。みんな怖いから窓際は嫌だと言い出したのである。そこでくじ引きが行われたのだが皮肉なことに、一番怪異に慣れているハタ君が一番窓から離れた入り口近くに寝ることになった。

それぞれの蒲団に潜り込みながら、怪談会が始まった。

ハタ君はみんなに向かって話をするわけだから、当然窓の方に顔が向く。カーテンを引き忘れた窓は漆黒の鏡となって、ぼんやりと室内の情景を映し出していた。

何本の怪談を話したろうか。

ハタ君は、何かが動いた気がして、みんなの頭越しに、ちらりと窓を見た。

白い靄《もや》のようなモノがある。

人型をしている。

白いその姿にかぶって、室内の様子が映っている。

人型の靄は、室内にあるモノが映っているのではなくて、ガラスの外側に佇《たたず》んでいるのだ。

ハタ君はそれが〝女〟だと感じた。

「いま……いるよ」

ハタ君が言うと、みんなは一斉にその視線の先を振り返った。

悲鳴は起こらなかった。

気味の悪い静寂が部屋の中に満ちた。

白い人型の靄は、ゆらゆら揺れながら消えていった。

おそらくみんなには見えなかったのだろう。だから悲鳴も上がらなかったのだ。

ハタ君がそう思ったとき、窓を見ていた仲間たちがゆっくりとハタ君に顔を向けた。

そして――。

「今の、何よ?」

と口々に訊いた。

後日、その旅館では飛び降り自殺があったのだと判った。

採話No.022　霊園

十代後半から二十代にかけてという年頃は、何かにつけて〝懲りる〟ということを知らない。

ハタ君はまたしても肝試しにつき合うことになる。

仲間たちが集まって、今度は手近に札幌にある霊園で肝試しをしようということになった。

午前一時頃。ワンボックスカーに乗り込み、霊園に向かった。ハタ君は運転席のすぐ後ろに陣取った。

ハタ君はとりたてて怖いとは感じていなかったし、車内の雰囲気もただのドライブにでも出掛けるような気楽なものだった。

しかし――。

霊園の入り口に到着し、ワイワイ騒ぎながらスライドドアを開けようとしたとき――。

ハタ君の脳裏に明確なイメージが飛び込んできた。

暗闇《くらやみ》の中に立ち並ぶ墓石。卒塔婆《そとば》。所々に立つ木々。離れた街路から常夜灯の微《かす》かな明かりが差して、それらの輪郭が朧気《おぼろげ》に浮かび上がっている。

静まり返った霊園――。

友人がドアを開けた。

頭の中に広がっていた静謐《せいひつ》なイメージに変化が起こった。

霊園の奥から、何かが猛スピードで飛んでくる。

墓石の間をすり抜け、卒塔婆をかすめ、墓誌《ぼし》の碑の間をかいくぐって、無数の何かがこちらに向かって飛んでくるのだ。

「ドアを閉めろ！」

ハタ君は叫んだ。友人は驚いて彼を振り返る。

その時ハタ君は、すぐそこまで迫ってきている〝飛来するモノたち〟を感覚的に捕らえていた。

無数の首。人魂のように尾を曳《ひ》いて、首が飛んでくる。人の首だけではなく得体の知れない獣の首も混じっている。

異様な気配は今までに感じたことがないほど邪悪だった。

「早く閉めろ！」

　ドアの横に座っていた友人は慌ててドアを閉めた。

「早く、車を出せ！」

　ハタ君は叫ぶが、運転手は手足が震えてエンジンをかけられる状態ではなかった。

　助手席の友人が悲鳴を上げた。

「膝《ひざ》の上に誰かがいる！」

　何か重いモノがドサッと膝の上に落ちてきたというのだ。

　車内は悲鳴が交錯し、パニック状態になった。

　霊は煙が嫌いだという話を誰かから聞いたことをハタ君は思いだした。

　それが本当に効果のある方法かどうかは判らなかったが、それ以外に思い出せなかった。

「全員、煙草《タバコ》をふかせ！　霊は煙が嫌いなんだ！」

　全員があたふたと煙草をふかし、車内はすぐに煙で一杯になった。お経など知らなかったので、とにかく「南無阿弥陀仏《なむあみだぶつ》」を連呼した。

　異様な気配は急速に退いていった。

「本当に煙が効いたかどうかはわかりませんけど」

　と、ハタ君は苦笑いした。

採話No.023　緑の人

「昨年テレビを見ていたら、タレントの怪奇体験っていうのをやっていたんです」

ハタ君は言った。

とても奇妙な話で、それを聞いていた別のタレントたちは大爆笑していたのだが、ハタ君は昔の記憶が甦《よみがえ》って青ざめた。

十四年前のある夕方。ハタ君は北海道、当別町《とうべっちょう》の道を札幌方向にバイクで走っていた。

広々とした畑の中の国道であった。

左側に枝道がある。建物もなく見通しが利くその道に、妙なモノがしゃがみ込んでいた。

緑色のお爺《じい》さん――。

頭から足の先まで緑色のお爺さんが枝道の真ん中にしゃがみ込んでいるのだ。

ハタ君はじっとそれを見ながらバイクを進めた。枝道の前を通り過ぎるときもそのお爺さんに注目していた。

緑色のお爺さんの横には、同じぐらいの大きさの緑色の袋が置かれていた。

――なんだろう?

通り過ぎても気になってバックミラーを見た。

映っていない……。

ハタ君はバイクを止めて後ろを振り返った。わずか数秒のうちに緑色のお爺さんも袋もどこかへ消えていた。隠れられる障害物などどこにもなかった。

テレビに出ていたタレントもやはり緑色の人を見たと言っていたのだった。

「タレントさんはみんなに笑われていたけど、ぼくは思わず『それだよ！』と叫んでました」

ハタ君から教えてもらった話はまだ幾つかある。取材日が異なるので、後半の《様々な怪異II》のほうで語ることにしよう。

第四章　死の予兆

取材をするとよく出くわすのが《死の予兆》の話である。

何か奇妙な体験をした直後、知人の死の知らせが届く――。

前出の先輩のお父さんが亡くなった時もそれはあったし、ぼく自身も前作『百物語　実録怪談集』に書いたような体験をしている。

人は、人生が終わる瞬間、最後の力を振り絞って怪異を起こすのだろうか。

1　夢

まずは知り合いの女性、Mさんの話を聞いていただこう。

Mさんは、若い頃よりも歳《とし》を取ってからそういう夢をよく観《み》るようになったそうである。

知った人が出てくる夢は死の予兆。

知らない人の夢は火事。

自分の夢をそう分類していた。

採話No.０３２　黒服の女性

Mさんは夢を見ていた。

自分の部屋の中に、喪服のような黒い服を着た女性が座っている。

頭を下げていて、顔は見えない。

しかし、髪型に見覚えがあった。知り合いの男性の奥さんによく似ている。

結局、夢の中の黒服の女性は黙って俯《うつむ》いたまま、言葉を発することも身動きすることもなかった。

翌朝目覚めたMさんは思った。

なぜ彼女が夢に出てくるのか？

数日後、その理由が判明する。

知人の男性の死がMさんに知らされたのだ。

葬儀に参列すると、その女性が喪服を纏《まと》って祭壇の脇に座っていた。俯いて涙を拭《ぬぐ》うその姿は、夢に出てきた黒服の女性そっくりだった。

採話No.033　花をくれた老婆

Mさんは夢を見ていた。

誰もいない山道。枝がトンネル状になった暗い林の中を、一人で走っている。

道が二股《ふたまた》になったところへ出て、左へ行ったら大きな畑へ出た。

畑の中に花の乗ったテーブルが置いてあった。

実家の隣の家のお婆さんが現れて、一本持って行きなさい、と言って花をくれた。

翌日、テレビのニュースが、実家の近所の火事を報じた。

テロップに流れた死亡者の名前は、よく遊びに行っていた実家の近所のお爺《じい》さんのものだった。

採話No.０３４　軽トラックの男

Mさんは夢を見ていた。

道を歩いていたら足元も見えないほど暗いところに迷い込んでしまった。

空を見ても真っ暗で、なにも判《わか》らない。すぐ側《そば》に誰かが立っていても判らないほどの暗《くら》闇《やみ》に、Mさんは怖くなった。

もと来た方を振り向いたら、車のヘッドライトが近づいて来るのが見えた。

ホッとして、その車が側まで来るのを待った。

Mさんが手を振って停《と》めたのは軽トラックだった。

「乗せてください」

と言ってドアを開けると、室内灯に照らされた運転手はMさんの夫だった。

夫は乗り込んできたのがMさんであったことに気づかない様子で車を出した。

そこで夢は終わった。

数日後、夫の会社の人が亡くなった。

採話No.035　Mさんの娘さんの話

Mさんの娘さんが、母親が黒いハンドバッグを月賦《げっぷ》で買う夢を見た。

夢はクルクルと場面を変えたが、ハンドバッグを買う場面の他に印象的だったのが、ヘビがいっぱいいる野原の情景だった。

目ざめてからなんとなく気になって母親のMさんに相談した。

「自分が見た夢では、野原のような広い場所が出てくるとあまり良いことがないので、気を付けるように」

と、Mさんはアドバイスした。

その後、親戚《しんせき》の人が病気で容態がよくない、と連絡があった。

一日おいて、娘さんはまた夢を見た。Mさんが黒い服を着ている夢だった。

そういう夢を何度も見るようでは、本当にその親戚が危ない、という知らせではないか、と娘さんとMさんは話し合った。

そして、Mさんも夢を見た。

お堂が出てくる夢で、気持ち悪い、と思った。

後日、車に乗っていて赤信号で停まったら、すぐ脇に夢に出てきたものとそっくりのお堂があった。

そのあと夫から電話があり、親戚の容態が悪化したから家へ戻ってこい、と言われた。
その後、その親戚は亡くなった。

採話No.036　話さなければ

知人のSさんの話である。
Sさんは、お父さんが亡くなる夢を見た。
ただの夢だし、そんな不吉な話を本人にするものではないと思い、言わずにいた。
しかし、一年ほどあとに本当にお父さんが亡くなってしまった。
次に、お姉さんが死ぬ夢を見た。
先のお父さんの例もあって、黙っているとよくない、と思った。
しかし、やはり本人には話せず、お母さんに話した。
お母さんもただの夢と思ったのか、それっきり話題にものぼらなかった。
しかし数ヶ月後に姉は亡くなった。
次に、義理のお姉さんが亡くなる夢を見た。
夢に関《かか》わって二つの不幸があり、強く後悔していたので今度は本人に話した。
数ヶ月後、義姉は何もないところで転んだ。

転んだ拍子に足をくじいて、三ヶ月歩けなかった。

義理のお姉さんは今も健在である。

採話No.073 腐っていく

友達のIくんの話である。

Iくんは昨年お父さんを亡くした。

ぼくの周りを見回してみると、ここ数年で多くの人が死んでいる。親戚だったり、友人の親だったり。なにやら因縁《いんねん》めいたモノを感じないではないが、考えてみればぼくがそういう歳になってきたという、ただそれだけの話なのだ。

さて、Iくんに話をもどそう。

Iくんは、数年前から妙な夢――というか〃映像〃をよく観《み》るようになっていた。

夜、蒲団《ふとん》に入って眼《め》を閉じる。

すると、眼を閉じたお父さんが見えてくる。その顔は、死人のように表情がない。しかし、異様にリアルなのだという。

「あれっ?」

と思って自分がまだ眠りに落ちてはいないことを確かめるために眼を開ける。

暗い部屋の天井が見える。

再び眼を閉じると、また、お父さんの顔が見える。

じっと見ているとその顔が変貌《へんぼう》していく。

茶褐色に腐っていくのだ。

驚いて眼を開ける。暗い部屋の天井が見える。

そんなことが年に数回あったのだという。

「今から思えば、ちょうど親父《おやじ》の腹の中に癌《がん》が出来はじめた頃だったんだよな」

Iくんは悔しそうに言う。

あの時に検査を受けさせていれば、手遅れにならずにすんだかもしれないと。

採話No.074　町の夢

Iくんは予知夢のようなものも見る。

それを見たときには数日以内に〝よくないこと〟が起こるというのだ。

Iくんが生まれ育った町の夢である。現在Iくんは、そこから二百キロほど離れた場所に住んでいる。

夢は、Iくんがその町を歩いているという内容なのだそうだ。とりたてて変なことがあるわけではない。

唯一奇妙なのはその町に人の姿がないことだ。いつも寂しく不安な思いで目ざめるのだという。

「その夢を見ると、たいてい親戚や知り合いが死ぬんだ」

Iくんの家族は彼の〝夢見〟をけっこう信じている。

「夢見が悪いから気をつけて」

と言うと、家族は一週間くらい気をつけて生活をする。

「だからっていう訳じゃないかもしれないけれど、人死にがあるのは五回に一回くらい。残りの四回は家族が注意をして危険を回避しているのかもしれない」

そんなIくんが一番恐ろしかったというのが火事の夢である。当時、Iくんは仕事の関係で実家を離れて暮らしていた。

Iくんが幼い頃暮らした家が火事になってその焼け跡に立っているという夢だった。

今までになく強い不安を感じて目ざめたIくんは実家に電話をかけた。お父さんが亡くなって、実家にはお母さん一人しかいなかったのでとても心配だったそうだ。

家から何の連絡もなく一ヶ月ほどたち、まとまった休みが取れたIくんは実家に帰った。元気そうなお母さんが迎えてくれた。

しかし、Iくんの知らないところでとんでもないことが起こっていたのだ。

お母さんは夕食時に、

「あんたの仕事の邪魔になるからと思って黙っていたんだけど」

と言いながら語りだした。

Iくんが「夢見が悪かったから気をつけるように」と電話した翌日、お母さんは野良犬に噛《か》まれた。

近くの空き地をうろついていた犬を気の毒に思い、ソーセージを一本持って近づいた。怖がらせないようにしゃがみ込んでそれを与えようとしたとき、突然犬が飛びかかって来た。

そして、喉《のど》を噛まれた。

すぐに犬は離れたが、口の中に血が逆流して来て、お母さんはすぐに家に戻った。看護師の経験もあるお母さんは応急処置をしてタクシーを呼び、病院に行った。

食道にまで達する傷だったが、すぐに快復した。

「もっとちゃんとした夢を見てくれればいいのに」

と、お母さんは首に残る傷を見せながら笑った。

採話No.037　寂しい絵

Rさんの祖母が九十過ぎで亡くなる前夜、のことである。

Rさんのお母さんが、夢を見た。

寂しい印象のある石の河原を歩いている。

気がつくと、夫も側におり一緒にお祖母さんをどこかへ送って行く途中のようだった。

先頭を顔の見えない人が道案内の提灯《ちょうちん》を持って歩いている。

河原を歩いたり洞窟《どうくつ》の中で休んだりしながら、長い道のり、お祖母《ばあ》さんを送っていった。

翌日、お祖母さんが亡くなった。

後日、Rさんのお母さんはカレンダーの裏を使ってその夢の絵を描いた。

「一目見て、ザワッとする寂しい絵だった」

その絵は家の中のどこかにまだしまい込んであるはずだという。

＝光リモノ
死の予兆には〝光リモノ〟も登場する。次はそういう体験談だ。

採話No.０３８　だいだい色の球

ある夜、Mさんは居酒屋で仲間と酒を飲み、ほろ酔い加減で帰り道を急いでいた。

ふと顔を上げると、何か光るモノがある。だいだい色に光るそれは、こちらに向かって飛んでくる。野球のボールくらいの大きさだった。

「あっ」

と思った瞬間、それは斜め前方から眼に飛び込んできた。

痛くはなかった。熱くもなかった。それはぶつかった瞬間に消えていた。

Mさんは「まるで、風が吹きつけてきたような感触だった」と、その時の様子を語った。

数日後、親戚のお祖母さんが亡くなった。

採話No.039　友達の光球

いつも電話をかけ合う知人がしばらく連絡をよこさない。

Mさんは胸騒ぎがしてこちらから電話をかけてみた。しかし、誰も出ない。

胸騒ぎは次第に強くなる。

夜、甥《おい》を呼んで車を出してもらった。

甥が運転する車に乗って知人の家に向かった。

その途中、Tという桜の景勝地《けいしょうち》近くを通りかかった。交差点で信号待ちをしていると、前をだいだい色の光の球が横切った。

甥は気づかなかったので、黙っていた。

胸騒ぎは死の予感に変わった。

今までの経験からすると、さっきの光の球は人死にがある時に見るモノだ。

知人の家につくと明かりが灯《とも》っている。

杞憂《きゆう》だったかと思ったが、胸騒ぎは続いている。

車を降りて玄関に近づく。テレビの音がしている。

しかし――。

中に声をかけても返事がない。

居留守を使われているのか、と思いながら玄関の扉に触れる。鍵《かぎ》は掛かっていない。

Mさんは思い切って中に入った。

中に入ったら、落ちていた新聞紙が足に当たった。

その、ガサッという感触を感じたとき、なぜか「もうダメだ」と直感した。

甥が家の中を見に行くと、台所に倒れているその人の足が見えた。

夕方の、まだ明るいうちに亡くなったらしい。

その人の四十九日の前、Mさんは自宅でも光の球が漂っているのを目撃した。それが亡くなった知人の魂だと直感したMさんは、

「寂しいんだったら四十九日まで居ればいい」

と、光球に声をかけた。

何日かたって、Mさんが自宅の縁側からふと部屋の中に眼をやると、その人が家の中に座っているのが見えた。

採話No.041　三つの光球

お盆にまつわる話は多い。前作にも幾つか書いた。その後も亡くなった愛犬が還《かえ》ってきた話などを知人から聞き、

「そうなんだよな。可愛《かわい》がっていた犬や猫は還って来るんだよな」

と、しみじみとした思いになった。

Mさんから聞いたお盆の体験談もそんななかの一つである。

Mさんの息子さんは結婚して家を出ていたが、娘さんは当時まだ中学生で、Mさん宅の二階に勉強部屋をもっていた。

ある年のお盆。Mさんの息子さんとそのお嫁さんが里帰りしてきた。

お嫁さんが二階のMさんの娘さんの部屋に上がっていった。開け放たれた扉から中を覗《のぞ》くと、勉強机に向かうMさんの娘さんの後ろ姿が見えた。

お嫁さんはドキッとした。

娘さんの頭上にふわふわと飛んでいるモノがあった。

それは、オレンジ色に光る三つの球だった。

採話No.０４０　シャボン玉

知人に眞美《まみ》さんという方がいる。

非常に陽気な方で、怪異とは無縁のように見受けられる。しかし、彼女も〝よく観る〟人である。

眞美さんは実家の家業を手伝っている。

以前、お店のお客さんで、眞美さんの娘を可愛がってくれるOさんという人がいた。よく「家へ遊びにおいで」と誘ってくれる人だったが、娘が「行かない」といえば、それ以上無理に誘うようなことはしない人だった。

その人がある日、娘が「行かない」と言っているのに何度もしつこく誘い、無理にでも連れて行きそうにしていた。

眞美さんはそんなOさんの態度に少し腹が立ってひとこと言ってやろうと彼女に近づいた。

「だって、六回も言うんですよ。いい人だし、お客さんだからそこまで我慢したけど『いいかげんにしてください』とひとこと言ってやろうと思って側に行きました」

しかし、眞美さんが文句を言う前に、Oさんは残念そうな顔をして帰っていったという。

数日後、娘と一緒に犬を散歩させていたら、目の前三十センチほどのところをピンポン玉大の、シャボン玉のような透明な玉が横切っていった。

眞美さんは不思議な体験を多くしているので、何かあると現実かどうかきちんと確認する癖がついている。

そのときもじっとそのシャボン玉を見つめて、夢や幻覚でないことを確認した。ちゃんとそこに〝在る〟という存在感があった。

「幻じゃないよね。ちゃんとそこにある。すぐそこにあるって、眼で追いながら確認しました」

シャボン玉特有の虹色《にじ》の被膜ではなく、素通しのガラスのような質感だったという。

それがすうっと空間を滑るように飛んでいく。

ただ〝この世のものではない〟と直感したので、娘には言わなかった。

その夜、眞美さんは母と二人で飲んでいてラップ音を聞いた。

翌日、娘を可愛がってくれていたお客さんが亡くなった。

死んだらシャボン玉になりたい、とでも言いそうな人だったので、あれはOさんだったんだろう、と確信した。

〃死の予兆〃とは厳密には異なるが、こんな話も採話した。

Yさんの友人で乳児院で働く方の体験談である。

職員室にいたら、急に窓がガタガタと揺れ始めた。

火に掛けていたヤカンも、まだ沸騰していないのにボコボコと音を立てる。

何か変だ、と感じて赤ん坊を寝かせている部屋に行ってみたら、一人の赤ちゃんがうつぶせになって鼻と口を枕《まくら》でふさがれていた。

行ってみなければ窒息していたところだった。

窓の揺れや沸騰していないヤカンの異音は、直接赤ん坊に関わるものではない。だが、彼女はその音で「赤ん坊に何かあったのではないか」と感じた。

誰かが教えてくれた、と思ったそうである。

第五章　ある国道の怪

岩手県の内陸と沿岸を結ぶ国道は幾本かある。北上高地を横断するそれらの道は、いずれも険しい峠道だったり、きついカーブがあったりする。

岩手県在住の読者にはどの道かはすぐに判《わか》ってしまうと思うが、あえて国道何号線かは明記しない。本書は怪奇スポットのガイドブックではないからだ。

採話No.０４４　あと一点

知人の妹、マキさんの話である。

マキさん一家は以前、沿岸の町に住んでおり、家業の関係で内陸の町に行くためにその国道を往復していた。

ある夜。兄と二人で沿岸の町へ帰ることになった。

運転は兄がしていたが、兄は免許の点数がほとんど残っていなかった。

盛岡からその国道に入った時、マキさんは警察官を見た。

暗かったので姿は判らなかったが、夜光反射材のタスキが見えた。

兄に言ったが、兄は気づかない。マキさんにも、すぐにその警官は見えなくなった。

あれ？　と思ったが、「気を付けろということなのか？」と思いながら沿岸へ向かって走り続けた。

しかし道のりの中間あたりでうっかり飛ばしすぎてしまい、スピード違反取り締まりに捕まってしまった。

あと一キロスピードを出していたら、点数がなくなって免停になるところだった。

おそらく〝誰か〟が助けてくれたに違いないとマキさんは言う。

採話No.０４５　誰が助けた？　Ⅰ

仕事の関係でマキさんは内陸に住むことになった。

友人の多くが沿岸の町に住んでいるので、マキさんはよく宮古まで遊びに行った。

仕事が終わってから、夜、マキさんは一人車でその国道を沿岸に向かって走っていた。

しばらく進むと車五、六台の集団と合流した。

その国道ではよくあることで、自分のペースで走っていると同じスピードに乗った五、六台の集団ができてしまい、そのまま沿岸の町まで走っていく。前の車がペースメーカーとなるので、割りと楽に運転できるのだ。

八十キロぐらいのスピードで走っていたが、途中の直線道路で急にマキさんの車がノッキングを起こした。

ウインカーを出して道の端に寄る。一時集団となっていた車たちは次々にマキさんの車を追い抜いて行き、先のカーブにテールランプの赤が消えていった。

それを見届けてアクセルを踏みクラッチを繋《つな》ぐと、スムーズに走り出した。

さっきのノッキングはなんだったのか……？

と、考えながらカーブを曲がると、常夜灯の下で玉突き衝突をしている車の群が眼《め》に飛び込んだ。

さっき自分を追い越していった車たちが全て《すべ》、スクラップと化していた。

採話No.０４６　パーキングに棲むモノ

昔、まだ運転が下手だった頃、マキさんは煙草《タバコ》を吸いながら運転することができなかった。

夜、一服するためにその国道にある食堂前のパーキングに車を停《と》めた。

そこで煙草を吸っていたら、急にラジオが消えた。

「え？　なに？」

と思っているうちに、エンジンが止まり、ヘッドライトも消えた。

暗闇《くらやみ》の中に自動販売機の光だけがぼうっと白く見えている。

二度とエンジンがかからず闇の中で夜明けを待たなければならないのではという恐怖に駆られながら、イグニションを回した。

何とか再びエンジンをかけ、そこを離れた。

後日、お母さんにそのことを話すと、

「あの辺りはよくない場所だ」

と、幾つかの怪異談を語りだした。

母の知人Wさんが以前、そこの自販機でジュースを買った。

車に戻り、走り出すと、車内に人の気配がある。見回しても誰も乗っていないのだが、確かに自分以外の気配が助手席にあるのだ。

しばらく走り続けたが、このままでは事故を起こしてしまう、と思って途中で車を停めた。

Wさんは助手席に向かって怖い顔をし、

「降りろ！」

と、叫んだ。

すっと気配が消えたので、車から降りたのだと思った。

また乗り込んでくる前にと、急いで車を出した。

帰路の途中にある嫁の実家へ駆け込み、仏さまを拝ませてもらって厄払いをした。

沿岸の町で用を足した帰り道、〝それ〟を降ろした場所を通りかかったら、よその車がガードレールに突き刺さっていた。

自分が車から降ろしたものが、次に通りかかった車に悪さをしたのだ、と感じた。

その後、何人もの人からあそこは「いる」場所だ、と教えられた。

その国道のK、H、O、という地名の辺りは特に怪異が続出する場所だという。

マキさんのいとこも、その辺りで工事の旗振りのバイトをしていて、昼間から変なものを見たという。

この辺りを車で通りかかると、耳鳴りがして、女の声のようなものを聞くこともあるそうだ。

その国道には出口と入り口の両方に電話ボックスのある長いトンネルがある。

そのボックスには女の幽霊が佇《たたず》んでいるという噂《うわさ》があった。

数人の若者が朝日を見るために車で沿岸に向かっていた。

そのトンネルにさしかかった時、入り口の電話ボックスに女性がいるのが見えた。

近くに車もなく、どこから来たのか判らない。

「振り向くといなかった」っていう話、よくあるじゃないか、と言いつつ振り向いたら、本当にいなかった。

と、いう話も採話した。

ぼくの前作に登場してもらった東京の釣友《ちょうゆう》もその近くの川は何か異様な気配があって怖いと言っている。

ぼく自身もその周辺を車で通ると、空気が異様に重いのを感じる。それは左右に迫る山々の圧迫感だけではない。

できることなら夜は通りたくない道である。

採話No.０４７　慰霊塔奇談三題

その国道には慰霊塔が建っている。悲惨な事故があって建立されたものだ。友人の家族の知り合いが関《かか》わっていたりする事故なので、その経緯《いきさつ》については語れない。

一、見つからない

色々な怪異が語られるその慰霊塔を、映像制作会社の人が取材に行った。

そこは幽霊の目撃談が絶えないところだったが、現在は新しい道がついて車はほとんど通らない。

昼間ロケハンをして場所を確認し、夜、改めて撮影に行った。

しかし――。その慰霊塔が見つからない。

道路のすぐ脇にあるので見落とすはずはないのだが、何度往復しても見つけられなかった。

「きっと取材されたくないんだ」

と一同納得して、取材を諦《あきら》めた瞬間、前方のカーブの果てに、その慰霊塔が建っているのが見えた。

二、におい

雑誌「ふらい」の編集長高橋氏が二年前、慰霊塔のすぐ側《そば》で釣りをした。多くの怪異が伝えられる場所だから、誰も入っていないだろうから魚がたくさん釣り残されているだろう、と見当をつけたのだ。

釣り師はよくそういう姑息《こそく》な手段を考え出す。そしてそれがよく的中するのだ。知り合いには火葬場下の淵《ふち》を秘密の釣り場にしている猛者《もさ》もいる。

編集長は川通しで慰霊碑下を目指した。

その地点に近づくと、どこからか異臭が漂ってくる。

何かを燃やすようなにおいだったが、付近に人はおらず、煙も見えない。

嫌な臭《にお》いなのだが「おいしそうな」感じもする。

肉を焼く匂《にお》いに似ている気がした。

三、花火

また、別の日。Bさんは深夜、車で慰霊塔の側を通りかかった。

まだ新しい道が出来る前で、慰霊碑はすぐ道の脇にあった。

深夜である。人気《ひとけ》もないし、停車している車もない。Bさんの車の前後にも走る車の姿はなかった。

突然、慰霊碑の辺りが明るくなった。眩《まばゆ》い火花が高く上がっている。いわゆる『ドラゴン花火』の炎だった。無人の慰霊碑前の小さな広場が、花火の炎に明るく照らし出されるのを横に見ながら、Bさんは目一杯アクセルを踏んだ。

＊　＊

その場所では車の事故がよくあったが、以前に自殺があって、それ以後事故が起こるようになった、と言われている。

採話No.０４８　立つ人

マキさんは、助手席におばさんを乗せて、夜、その国道を通った。

運転していると異様な睡魔がマキさんを襲った。

『まずいな……。もうすぐ魔のカーブだっていうのに……』

と、考えながらも、半分眠ったような状態で運転していた。

現在はその《魔のカーブ》を迂回《うかい》する新しい道が出来ている。しかし、その当時はまだ、よく事故の起こる急なカーブがあった。ぼくもその道を何度も通ったが、気づかずにスピードを出したままカーブに突入して強烈な横Gに焦った記憶が何度かある。

マキさんの車は吸い込まれるように魔のカーブに突っ込んでいった。

着ていたTシャツの袖《そで》を誰かが引っ張った。

カーブに伴う横Gとは違う。まるで誰かが道路の外に向かって引っ張っているような感じだった。

突然、相手の手が離れて伸びた袖が戻ってパチンと腕に当たったような感触があった。

その感触で眼が醒《さ》めた。

車は魔のカーブを脱していた。

マキさんはパーキングに車を入れ、

「ああ、危なかった。怖かった」

と言った。

「そうでしょう」

助手席のおばさんも青い顔をしている。

「あんた、見た？　ガードレール」

「ガードレール？」

何のことか判らずに、マキさんはおばさんの顔を見た。

おばさんはゆっくりと話し始めた。

「魔のカーブに入った瞬間、見えたのよ。ガードレールのポール毎《ごと》に、ずらっと人が立って、この車を見てたのよ」

採話No.０４９　誰が助けた？II

冬のその国道はほぼ全面凍結する。上り下りを繰り返す凍結路は、とても危険だ。

ある年の冬、マキさんのお父さんとお母さんはトラックを運転してその国道を内陸に向かって走っていた。Oという地名のあたりまで来たとき、前方の路肩にトラックが停まっているのが見えた。運転手がタイヤにチェーンを巻いている。

気をつけなければと思った瞬間、タイヤが滑りだした。

トラックに向かって真《ま》っ直《す》ぐ滑っていく。

「ぶつかる！」

そう思った瞬間、トラックの直前で、誰かが車体をポンと押したように、車が方向を変えた。ほんの数センチの隙間《すきま》を空けて、二台のトラックは接触せずにすれ違った。

バックミラーに遠ざかる景色の中で、トラックの運転手が何か怒鳴っていた。

また、別の日。

トンネルを出た所に落石があり、避ける間もなく乗り上げて、トラックは跳ね上がった。気がつくとトラックは路上に裏返しになって停まっていた。それほどの事故だったのにもかかわらず、マキさんのお父さんもお母さんも無傷だった。

大破したトラックから這《は》い出して見ると、右側の崖《がけ》の法面《のりめん》にトラックが擦《こす》った傷が残っていた。高さ三メートルほどの所についているその傷は、トラックがそこまで跳ね上げられた証拠だった。

マキさんのご両親は顔を見合わせ、きっとご先祖様が護《まも》っていてくれたに違いないと話し合った。

採話No.050　自転車の人

マキさんのお父さんがある年のお盆に体験した出来事である。

その国道は山地を貫く道なのでトンネルの数が多い。前述の魔のカーブや難所を回避するためにトンネルの数は増え続けている。

マキさんのお父さんは車であるトンネルの中に進入した。

前方に自転車が見えた。

トンネルの中を自転車が通っているのはさして珍しいことではないのだが、奇妙なのはその服装だった。

どうやら和服を着ているらしく、裾《すそ》が大きく翻《ひるがえ》っているのだ。

車はどんどん自転車に近づく。

マキさんのお父さんはゾッとした。

自転車に乗っている人は、死に装束のような真っ白い着物を着ていたのだ。

その横を追い越す寸前、自転車がふわっと浮かび上がったように思った。

驚いてバックミラーを見ると、自転車はシルエットになって映っていた。

しかし、少し眼を離した瞬間、どこにも横道のないトンネルの中、自転車はかき消すように消えていた。

第六章　触られる

集まってくる話の中で、眼《め》に見えないモノに触られるというものは多い。

本作執筆中にも、シャツの左脇を引っ張られる感触がよくある。中には見えない相手に殴られて顔に痣《あざ》が出来たという話もあったが、体験者が不明なものは採話から外した。

採話No.051　触り続ける指

マキさんの話である。
随分前に、仲間同士、大勢で雑魚寝《ざこね》をしたことがあった。
夜中、妙な感触があって目が醒《さ》めた。
誰かが太股《ふともも》を触っている。
ちゃんと五本の指の感触があった。
驚いて身体《からだ》を起こした。
誰かがいたずらをしているのだと思って、その手を払った。
しかし、マキさんの手は自分の太股に当たった。
何もない。人の手が在るはずの場所には何もないのである。
だが、五本の指の感触ははっきりと感じている。
ちゃんと目ざめて、何もない太股を薄闇《うすやみ》の中で見ている。
だが、確実に誰かが触り続けていた。

採話No.０５２　蒲団の中の手

Rさんも若い頃に同様の体験がある。

仕事で、借金の取り立てに行った家に泊まったことがあった。

常識的に考えれば若い娘が借金の取り立てに、男の家に泊まり込むというのは危険極まりないが、Rさんはてっきり男だけではなくその家族もいっしょにいるものだと思っていたのだった。

しかし、その夜、その家にはRさんとその男だけしか居なかった。

夜、蒲団《ふとん》で寝ていたら足元から手が侵入してきて、ソロリと脚を触られた。

襲われる、と思って手を振り払った。

手はスルスルと引っ込んだ。

怖くて、それ以後は一晩中起きていた——が、あとは何もなかった。

Rさんは長年『襲われそうになった』と思っていたのだが、怪談会でマキさんの体験談を聞いて「もしかすると……」と思い、この話をしたのだった。

会に集まっていた男衆は口を揃《そろ》えて、

「蒲団に手を入れてくる奴だったら、振り払われたくらいで諦《あきら》めない」

と主張した。

Rさんは数十年ぶりに恐怖が甦《よみがえ》ったようだった。

採話No.053　つつく指

雑誌「ふうらい」の高橋編集長の話である。

二年ほど前の春。岩手山麓《さんろく》のキャンプ場で「焚《た》き火《び》キャンプで百物語」という企画があった。

ぼくは《歩く百物語》として企画に招かれ、幾つかの怪談を披露した。その時に起こった怪異については前作で語った通りである。

キャンプが終わって、高橋編集長は収録したテープを原稿に起こす仕事を始めた。

日中はなんということもなく作業は進んだ。しかし夜――。

テープの音声を聞きながらキーボードを叩《たた》いていると、背中をつつくモノがいる。

はっとして振り返るとだれも居ない。

気のせいかと思い、また作業に戻るとまた背中をつつかれる。

日中には何も起こらず、夜中だけ背中をつつかれる日々がテープ起こしの間中続いた。

「その時〝観《み》える人〟がいたら、おれの後ろに何が観えたんでしょうね」

と編集長は気味悪げに言った。

採話No.054 恐山

テレビ局に勤めるアナウンサーのKさんの話である。

中学生の頃、信心深かったお祖母《ばあ》さんに連れられて恐山《おそれざん》に行った。

霊魂など信じていなかったので、イタコさんを見ても『こんなのはウソだ』と思って辺りを走り回っていた。

小石を積み上げた小さな塚が幾つも並び、風車がクルクルと回る。硫黄の臭《にお》いと所々から噴き出す蒸気。あの世を連想させる荒涼とした景色も、幼いKさんを怯《おび》えさせることはできなかった。

あちこちを走り回り遊んでいたら、突然足首を摑《つか》まれた。

Kさんは勢いよく転んでしまった。

誰が脚を摑んだのかと、体を起こして辺りを見回すが、人影はなかった。

不思議に思い、顔を正面に向けた。

そこには遺品安置所があった。古びた玩具《おもちゃ》や人形が薄暗い小屋の中に鎮座していた。

お祖母さんの所に戻り顚末《てんまつ》を話したらひどく怒られて、仏さまに謝らせられた。

「いまでも思い出せるよ。はっきりと人の手でグッと摑まれた感触だった。間違いない」

いつも陽気なKさんは少し強《こわ》ばったような表情で言った。

採話No.075　脚

知人のCさんのお母さんの話である。

旦那《だんな》さんの四十九日が来る前のことであった。

朝、犬の散歩をしていると背中に何かが触る感覚があった。

まさぐられている――。そんな感じだったそうだ。

驚いて振り返るが、誰もいない。しかし、触られている感じはずっと続いている。

「お父さんだったとしても許さないからね！」

と怒鳴ったら、その感覚はスッと消えた。

犬が不思議そうな顔で見上げていた。

それ以後も何度か背中をまさぐられる経験をした。しかし、それは人の手の感触ではなかったのだという。

「まるで、誰かの脚が背中から生えて、それをブゥラ、ブゥラと揺らしているような感じだった」

Cさんのお母さんは言った。

その後、菩提寺《ぼだいじ》から浄《きよ》めた塩をもらい、背中に振りかけたら、二度とその感触が現れることはなかったという。

第七章　屋敷

怪異が起こる屋敷に強く引かれる。

映画や小説でも幽霊屋敷をテーマにしたものがあれば、チェックしている。

実際に取材をしたい。この目で怪異を目撃したいという思いが強い。

しかし、前回の『百物語　実録怪談集』では、その取材をしようとして酷《ひど》い目に遭った。

ぼくの元にはここに挙げたもの以外にも幾つか幽霊屋敷の話が舞い込んできているが、おそらく出かけていくことはないだろう。怪異を解明する手段も持たずに出かける行為は、肝試しでおもしろ半分に廃墟《はいきょ》を蹂躙《じゅうりん》する者たちと同じ事だと考えるからである。

採話No.055　お化け屋敷

Gさんの実家は、T藩の元家老をしていた旧家であった。

明治維新後、商売を始めたが失敗した。

それでも大きな家は残って家族はそこに住んでいた。

しかし、いつの間にか近所の人々はその家は《Gのお化け屋敷》と呼ぶようになっていた。

人聞きが悪いと、当主が近所の人に問いただすと、渋々答えた。

屋敷の側《そば》を通ると、中を覗《のぞ》き込んでいる人物を見かけるのだという。何人もの人がそれを目撃している。

屋敷の中を覗いている人物は裃《かみしも》を着ていて、心配げな表情でそっと戸の透き間から屋敷内を見ているのだという。

ご先祖が没落していくG家を心配してのぞきに来ているのだと当主は思った。

《Gのお化け屋敷》という名称は、数代後、屋敷が解体されるまで続いた。

採話No.０５６　古い人

　Gさんが子供の頃、その屋敷に遊びに行った時の話である。

　座敷で遊んでいると、自分を見つめる視線を感じた。

　その方を見ると、外光を透かす障子《しょうじ》があった。誰かが立っていれば影が映るがそんなものは見えない。

　Gさんは障子に近づいてみた。

　そこに、顔があった。

　障子に顔が映っていたのである。

　Gさんはそれを《古い人》だと思った。丁髷《ちょんまげ》を結っていたからだ。後年、その顔は恐らく江戸時代ごろの人の顔だと思うようになった。

　Gさんの屋敷はもう解体され、親族も散り散りになり祖先が家老をしていた土地にはもう係累は残っていないという。

　自分は幼い頃に土地を離れたが、その屋敷にはもっと不思議な話があったに違いないとGさんは語った。

採話No.０５７　新しい家

Gさん一家が地元を離れてだいぶたつ。

家も古くなって新築しようという話が持ち上がった。お父さんが縁起を担ぐ人だったので、家相を見てくれる占い師に相談に行った。

建てる時期もさることながら、Gさんのお父さんには一つ気がかりなことがあった。

庭に立つ梅の木である。

今の家を建てるときに実家のお祖母《ばあ》さんからもらって庭に植えたものだった。

新しい家の設計図では、その梅の木が邪魔になる。《Gのお化け屋敷》からもらってきたものだが、近所の人がどう言おうと、懐かしい実家にあった木である。伐《き》ってしまうのを躊躇《ためら》っていた。

占い師は、

「伐ってもいいが、Gさんとお母さんに影響が出る」

と答えた。

死ぬようなことではない、という話だったので、浄《きよ》めてもらってから伐った。

一年後からお母さんが病気になり、現在も続いている。

採話No.０５８　四つ辻の真ん中

Mさんの実家の近くに、古い大きな家があった。座敷童《ざしきわらし》が出ると言われていた。座敷童は家に幸運をもたらすというが、その家は不幸が続いていた。

Mさんはそれを不思議に思ってお父さんに聞いてみた。

「あそこは家相が悪いから」

と、お父さんは短く答えた。

「どう悪いの?」

「あの家は大きくて、出入りできる道が四つついている。玄関までの道。裏口からの道。西の畑に下る道。東の田圃《たんぼ》に下る道」

Mさんは意味が判《わか》らなくて聞きかえした。

「どういうこと?」

「つまり、四《よ》つ辻《つじ》のど真ん中に家が建っているようなものなのさ。いつも家の中を魔が通っていくんだよ。座敷童だと言われているモノも、別のモノかもしれないな」

第八章　黒い影の棲む屋敷

盛岡で怪談会があった翌日。ぼくは取材のために日本海側のある街へ向かった。

自動車で移動するには少し距離のある場所だったが、公共の交通機関を使うとかえって不便な所だった。新幹線の駅からその〝屋敷〟に行くにはバスを何度も乗り換えなければならないのだ。

朝早く盛岡を出て、その街に着いたのは夕方だった。取材をさせてもらう友人との待ち合わせ場所は町役場の駐車場。すでに友人の江《え》口《ぐち》利《とし》雄《お》くんはそこで待っていた。三十代後半の利雄くんとはあるイベントで知り合ったのだった。

「ともかく明るいうちに〝屋敷〟を見ましょう」

利雄くんは焦ったように言うと、ぼくの車に乗り込んだ。

利雄くんの指示で、ぼくは港の方へ車を走らせた。

海岸近くまで山が迫り、斜面にへばりつくように家が建ち並んでいる。車は古い家屋が続く通りを西に向かって進んだ。

「あれです」

利雄くんが指さす先には、オレンジ色に燃える夕空を背景に、大きな二階建ての木造家屋が黒々としたシルエットとなって聳《そび》えていた。

蔵が二つあり、門構えもりっぱだった。背後の山を削って土地を広げたらしく〝屋敷〟の裏側の崖《がけ》にはコンクリートが打ってあって聳える城壁のように見えた。

〝屋敷〟の前を通り過ぎ、右折して国道に出て、利雄くんの家に向かった。

二時間ほど国道を走り、幾つかの街を通って県庁所在地に着いた。その街の東はずれの新興住宅地に江口君の家はあった。夕方に見た〝屋敷〟とはまるで趣が異なり、ヨーロッパ風の瀟洒《しょうしゃ》な二階建てであった。

利雄くんの家には奥さんの香奈子《かなこ》さん、弟の邦明《くにあき》くん、そしてご両親が待っていた。

「何が始まりなのかは判《わか》りません。それはいつの間にか始まって、私たちはあの屋敷に住めなくなりました」

と、利雄くんのお父さんが語り始めた。

利雄くんの家は戦後の混乱期、サツマイモの商売で当てて財を築いた。土地を広げたのも蔵を建てたのもその頃のことだという。

海の難所近くという土地柄が悪いのか――。それにしても

なぜ、自分の代になってから――。

と、利雄くんのお父さんは困惑した表情で言った。

この章の話は二度に分けて取材してる。また、江口くんが思いつくままに話してもらったものをそのままナンバリングし、後に時間系列にそって組み立て直しているので、他章同様採話ナンバーが前後したり飛んでいたりす

＊　＊

採話No.086　前兆

邦明くんが中学生の頃だというから、十数年前にそれは始まった。

いや、それ以前からも何かしら前兆めいたことはあったような気がするという。しかし、はっきりとこの〃屋敷〃はおかしいと感じたのがその頃だったという。

お父さんもお母さんも、確かにそれ以前も妙なことはあったが、偶然としてかたづけてきたので思い出せないと言った。

利雄くんの奥さんは新しい家が建ってから嫁いできたのであの〃屋敷〃には掃除の時に足を踏み入れるだけで、気味悪いとは思っても何かの現象を感じたことはないそうだ。

邦明くんが中学生の頃、一番多かった現象は金縛りだったという。

邦明くんの部屋は二階の、階段脇の部屋だった。

夜、ふっと眼が醒《めさ》める。部屋の中はカーテン越しに入ってくる街灯の明かりでぼうっと明るい。

なぜ眼が醒めたのか不思議に思っていると、誰かが階段を上がってくる音がする。

ははあ。この音で眼が醒めたんだ。誰だろう、こんな時間に。

そう思って時計を見ようとするが体が動かない。

焦って動こうとするが、全身が痺《しび》れたようになって指先さえ動かせない。

足音はどんどん昇ってくる。そして、部屋の前で停《と》まる。

スッと、襖《ふすま》を開ける音がする。

異様な気配が襖の方から漂ってくる。

体が動かないから襖の方は見ることが出来ない。

「たとえ動けたとしても、絶対に見なかったと思います。ともかくもの凄《すご》く嫌なモノがそこに立っているのが判りましたから」

邦明くんは、あの〝屋敷〟に住んでいる間、何度もその現象を体験したが、二度目からはきつく眼を閉じて絶対に開けなかったのだという。

採話No.087　浮かぶ

階段を昇り襖を開けるモノを無視し続けた邦明くんは、さらに恐ろしい体験をすることになる。

いつものように足音がして、邦明くんはきつく眼を閉じた。

襖の開く音。そして〝それ〟はじっと邦明くんの様子を見ている気配が続く。

どれほど時間が経《た》ったろう。

急に身体《からだ》が浮かび上がる感じがした。

身体から蒲団《ふとん》がずり落ち、さらに身体は上昇する。

顔に風が当たった。規則正しく生暖かい風が吹きつけている。

邦明くんはぞっとした。

自分の顔の前に天井があるのだ――。と、気づいた。

眼を閉じているので確かめられないが、自分の息が天井板に当たり、自分の顔に跳ね返って来るのだと感じた。

そんなことも、何度かあった。

幽体離脱という言葉は知っていたが、その現象は〝自分の能力〟ではなく、誰かが悪意を持って引っ張り上げている――という感じを常に持っていたという。

採話No.０６１　声

そしてついに〝それ〟は、邦明くんにはっきりと意思を伝えてきた。

高校生だった頃の冬のある日曜日。その日は邦明くん以外の家族は出掛けていて、彼は一階の茶の間で留守番をしていた。

コタツの暖かさが心地よくて、邦明くんは居眠りをしていた。

部屋の中で人の動く気配がして、家族が帰ってきたのだと思った。

邦明くんは『おかえり』と言おうとして、自分の身体が動かないことに気づいた。

気配はスッと邦明くんの側《そば》に寄ってきた。そして、耳元に顔を近づけたのが〝そいつ〟の息づかいで判った。

笑いを含んだような声が言った。嗄《しわが》れた男の声だった。

「殺してやる」

〝そいつ〟はそう言った。

邦明くんは恐怖に耐えた。

「事故に遭わせてやる」

〝そいつ〟があまりにも楽しそうに言うので、邦明くんは心の中で、

『お前なんかには負けない！』

と、強く叫んだ。

すると、耳元で嫌らしい笑い声が聞こえて、身体を縛り上げる眼に見えない力が増した。息が苦しくなり、いつの間にか気を失っていた。

「その当時、いろいろな体験をしていましたが、自分だけかと思っていたので黙っていました。家族を怖がらせたりすると可哀想《かわいそう》だと思ったからです」

しかし実は、家族全員がなにかしら体験していたということが後日判った。

採話No.059　自転車の音

「ぼくはあまり感じる方ではないんですよ」

と、利雄くんは言う。

「でも、弟がそういう体験をしている頃、妙な物音を聞いているんです」

当時、利雄くんは大学生で、自宅から学校に通っていた。

夜中、ふと眼が醒めると午前四時ピッタリということが、何日か続いた。

何度めかの夜。なぜ毎日こんな時間に眼が醒めるのだろうと思っていると、外から自転車の音が聞こえてきた。

キーキーという油の切れたチェーンの音である。釣り人や漁師が朝早くから移動する道が家の前にあるので、とりたてて気にせずにもう一度寝ようと思った。

そして、その音の奇妙さに気づいた。

その音は移動していないのだ。

同じ場所で鳴り続けている。

家の門の真ん前――。

怖くなってラジオをつけ、その音が聞こえないようにして蒲団を被《かぶ》った。

翌日。ふと眼が醒めると、また午前四時だった。

怖くなって、音が聞こえる前にラジオをつけて蒲団を被った。そういうことが何週間か続いた。

あとから聞いてみると、ご両親も《移動しない自転車》の音を聞いていたことが判った。

「ずっと以前に、家の門前で自転車に乗った子供が事故に遭い、死んでしまったということがありましたが――」と、お父さんが付け足した。

「でも、それはその音を聞く十年も前なんですよ。その子の亡霊だったとして、なぜその時期だったんでしょうね」

採話No.060　イヌイットの人形

自転車の音を聞いた頃からしばらくして、ご両親はアラスカに旅行に出掛けた。

旅行中のビンゴゲームで小さな人形が当たった。

イヌイットの人形だった。

不思議なことにその顔は真っ黒で、まるで黒人の人形のようなのだが、服装はイヌイットの民族衣装のヤッケのようなものをまとっている。腕には赤ん坊を抱いていた。

帰国したご両親は邦明くんに、

「お土産だ」

と言ってその人形を渡した。

邦明くんはあまり飾っておきたいとも思わなかったので、箱に入れたまま二階の戸棚にしまっておいた。

ある日。兄の利雄くんが茶の間のテレビの脇に、その人形を見つけた。

誰かが持ってきて飾ったのだろうと思い、黙っていた。

そしてその日の夕食時、お父さんがその話題を持ち出した。

「誰があの人形を飾ったんだ?」

家族は一瞬で事態の異常さに気づいた。

どの顔も、同じ疑問を抱いた表情をしていたのだ。

「おれじゃないよ」

「おれでもない」

「あたしでもないわ……」

と言って家族はお父さんを見た。

気味が悪くなって、お父さんはすぐにその人形を二階の戸棚に戻した。

しかし——。

数ヶ月後。人形がテレビの脇に戻っているのを利雄くんが発見した。

その後、何度もその人形は誰とも知れぬモノの手でテレビの横に置かれた。

採話No.088　原因不明の病

そんなことが続くうちに、お父さんが病に倒れた。

病院で検査を受けるが、原因が判らない。そうするうちにお父さんは日に日に衰弱していった。

お父さんが入院している最中、次の話に出てくるような経緯《いきさつ》で、江口家は引っ越しを決めることになる。しかし、そのことは病床のお父さんには伝えられなかった。

家族が集まって病室の廊下で何かゴソゴソと相談している。お父さんは朦朧《もうろう》とした意識の中で、こう思った。

「自分の病はもう治らないので、家族が葬式の相談をしている」

実際、主治医はもう長くは保《も》たないだろうと言っていたが、現在、お父さんは元気に生活している。

＊　＊

採話No.０６２　転居

お父さんが入院する少し前。

お母さんの知人が霊能者と知り合いになった。

前世では知人の母親だったと言うその霊能者に興味を持ち、お母さんも会ってみたいと思った。

特に〝屋敷〟に関して何かを相談したいという気持ちはなかった。純粋に興味だけからその霊能者の住むY県まで出掛けていったのだった。

とてもいい人で、すぐに意気投合し、楽しい一時を過ごして〝屋敷〟に戻った。

それからしばらくしてお父さんが病に倒れたのである。

お父さんの入院を知った霊能者は、すぐに病院を訪れた。

見舞いを喜んだお母さんは、家に招待し、お寿司《すし》を取って振る舞った。

霊能者はその日、知人の家に泊まることにしていたので、しばらく話をした後〝屋敷〟を辞した。

翌日、霊能者を泊めている知人から電話があった。

「大事な話があるから来て欲しい」

と、霊能者が言っているという。

慌てて知人宅を訪れると、神妙な顔をした霊能者が待っていた。

「家にひどく悪いモノが憑《つ》いています」

と、霊能者は言った。

お母さんの脳裏《のうり》に、今までの出来事が次々に浮かんだ。

「実は、申し訳ない話なのだけれど、昨日お食事を呼ばれている間、ずっと早く帰りたくてしかたがなかったのです。せっかくのおいしいお寿司も砂を噛《か》んでいるようでした」

「いったい、何が憑《き》いているのですか？」

と、お母さんが訊くと、霊能者は辛《つら》そうな顔をして言った。

「得体の知れない真っ黒いものです。恐らく、地縛霊《じばくれい》でしょう。家族の中で一番、霊的に弱いお父さんが攻撃されて、そのせいで病気になったのです」

「なんとか、助けてください！」

お母さんは霊能者にすがった。

霊能者はさらに辛そうな顔をしてゆっくりと首を振った。

「祓《はら》ってあげたいのはやまやまだけれど、私の力ではとても無理です。命のやりとりをしなければならない。そしてきっと私は負けます。申し訳ないけれど、一番現実的な方法は引っ越しをすることです」

「引っ越しですか……」

代々住み続けてきた家である。急に引っ越すとなれば、親戚《しんせき》になんと言えばいいのか……。お母さんの頭の中に色々な思いが浮かんだ。しかし、霊能者の次の言葉にはっとした。

「お父さんの命が第一です」

――そうだ。お父さんの命が第一！

「お父さんは弱っていますから、二度と家に入れてはなりません」

霊能者は次々に指示をしていった。

お母さんはそれをしっかり頭に入れて覚え込んだ。
一、家で使っていたものは穢《けが》れが移っているから、全部捨てること。
しかし、実際にそうもいかないだろうから必要最小限のものだけ持って出ていい。
一、人形には霊が憑くので、全《すべ》て捨てること。

一、神棚は、あなた方が家を出るまで護《まも》ってくれるから、最後にはずすこと。

などなど……。

家長であるお父さんに相談もせず引っ越しの計画は進んだ。

採話No.063　神棚

前述のように、神棚は家を護っているので最後にはずせと言われていた。

だから、荷物も全て送りだして出ていく直前に邦明くんがはずそうとした。

代々受け継がれて祭られ、煤《すす》け黒光りする神棚は、荷物がすっかり無くなってしまった家の中で異様な存在感があった。

邦明くんは踏み台に乗って神棚に手を伸ばした。

ところが身体が震え、心臓もドキドキして全力疾走したあとのように息が上がり、はずせない。

邦明くんは外すのを諦《あきら》めて、すでに車に乗り込んで出発の準備をしていた家族の元に戻った。

「できない」

と言った邦明くんの顔を見て、お母さんと利雄くんは驚いた。

邦明くんの顔は重病人のような土気色をしていたのだ。

「血の気がないというのではありませんでした」利雄くんは言った。

「死人のような土色なんです。これはただごとではないと思いました」

そこで、霊に敏感《びんかん》ではない利雄くんが作業を引き継ぎ、神棚を外した。

そして、そのまま一家は現在の家に引っ越しをした。

その後、お父さんは無事退院した。

引っ越しの経緯を聞いたお父さんは無断で行ったその行為を怒ることもなく、ただ頷《うなず》くだけだった。

採話No.064　煙

江口家の商売の関係で、店舗を県庁所在地に移すための色々な手続きが残っていた。

霊に敏感ではない利雄くんは、ホテルに住むのも金が掛かると思い、〝屋敷〟に泊まり込むことにした。

実際、利雄くんが体験した怪異というのは自転車の音とイヌイット人形の件だけであった。金縛りや異様な声など、自分の身に危険が及ぶような体験はしていなかったので、引っ越しなどしなくても……という思いも少しあったのだった。

利雄くんは〝屋敷〟に数日間住んだ。特に怖いとも思わなかった。

しかし、明日は新しい家に戻るという日の晩、奇妙なものを見た。

一階の茶の間で手荷物を整理していると、ふと眼が備え付けのヒーターに向いた。

以前はその横にテレビが置かれていて、誰も動かした覚えのないイヌイット人形が出現した場所だ。

その時、ヒーターからモワッと白煙が上がった。

季節は九月。ヒーターは使っていない。

驚いて見ているとその煙は空気に溶けるようにスウッと消えた。

「それだけなんですけどね」と、利雄くんは自嘲《じちょう》気味に笑う。

「でも、それ以来不思議なことは確実に存在するんだって信じるようになりました」

＊　＊

こうして江口家は〝得体の知れないモノ〟から逃げ切った。

〝屋敷〟の内部の取材をお願いしたが、利雄くんはきっぱりと首を振った。

「あの中には、まだ居ますから」

〝屋敷〟はまだ海沿いの街にある。

第九章　様々な怪異II

最後の章である。ここまで書き進めてきて、とりあえずぼくの身には何も起こっていない。しかし、編集のO氏はまたもやコンピュータ・トラブルの嵐《あらし》に見舞われているらしい。

百話目の怪異を不安に思われる方は、この章あたりから気をつけることをおすすめする。前にも記したように、一話に数話分の怪異を書き込んだモノもあるので、本当の百話はこの章のどこかで訪れるはずである。

採話No.065　左側

知人のTさんの話である。

Tさんは〝左側に気をつけなければ〟と常に思っている。家族も含め、左側にまつわる〝よくないこと〟が多いのだという。

車の左側のミラーを擦れ違いざまに折られた。

駐車中にトラックがバックして来てフェンスを倒し、車の左側にぶつかった。

子供を妊娠中に歩いていたら、左側の坂道から無人のトラックがバックで下りて来たこともある。

お父さんは脳出血で左半身麻痺《まひ》になり亡くなった。

ただの偶然の連続という見方も出来ないではない。

だが、Tさんはそのほかにも色々な体験をしている方なので、その偶然の中に何らかの〝理由〟を見つけだしているようなのだ。

次のお話もTさんの体験談である。亡くなったお姉さんにまつわる四話である。

採話No.089　姉の呟き

Tさんがまだ独身で、実家で暮らしていた頃の話である。

お姉さんには婿養子の夫がいたが、夫婦仲はよくなかった。

その日、お姉さんは風邪《かぜ》を引いて仕事を休んでいた。義兄は骨折で入院中。Tさんは姉夫婦のいがみ合いを見ることもないのでホッとして過ごしていた。

朝、Tさんはお姉さんとケンカをした。

どんな経緯《いきさつ》か覚えていないが、最後のやりとりだけは、はっきりと覚えているという。

姉は熱に潤んだ目をTさんに向けて言った。

「将来は、一緒に同じ老人ホームに入ろうね」

優しい口調だったが、Tさんはなぜか苛立《いらだ》った。そして激しい言葉で、

「絶対、あんたなんかと入らないわよ！」

と言い捨て、仕事に出掛けた。

会社について仕事を始めても、ずっとあのやりとりが気になっていた。

何であんなに苛立っていたのだろう。

何であんな言葉を言ってしまったのだろう。

姉妹の間で口げんかはよくあったが、この日ほど気に掛かったことはなかった。

午前中の仕事を早めに終え、お弁当を食べて休憩室で昼寝をしていた。咄嗟《とっさ》に時計を見るとちょうどとしかけたとき、何か強い衝撃を受けて飛び起きた。咄嗟に時計を見るとちょうど昼の十二時だった。

休憩室のテレビがついていて、バラエティー番組の賑《にぎ》やかな音楽が流れていた。

おそらく、その音に驚いたのだろうと思い、もう一度横になった。

一時頃。仕事に戻ったTさんに電話が掛かってきた。

お母さんからだった。

『大変よ。すぐ帰ってきて』

お母さんの声は悲鳴に近かった。

「どうしたのよ」

強い不安を感じて訊いたTさんの声は震えていた。

『お姉ちゃんが部屋で死んでいるの……。どうしよう』

「すぐ救急車を呼んで！」

Tさんの声に職場の人々の視線が集まった。

電話を切って上司に有給休暇を申し出、すぐに自宅へ戻った。

玄関先に着くと、近所の人が心配そうな顔でTさんを待っていた。

お母さんはお姉さんに付き添って救急車で病院へ行ったと、搬送先の病院を教えてくれた。

Tさんはとりあえず、姉の入院の準備を整えた。母は『死んでいる』と言ったが、見間違いかもしれない。

昼寝から目覚めた時の衝撃を思い出しながら、Tさんは病院へ急いだ。

——姉は死んでいた。

肺炎で、痰《たん》を喉《のど》に詰まらせての窒息死だった。

死亡時刻は十二時頃。昼寝から目覚めたのと同じ時刻だった。

検死が終わって姉の亡骸《なきがら》が自宅へ戻ってきた。

お義兄《にい》さんも一時退院してきて、三人で線香を絶やさないように通夜をした。

夜。静まり返った家の中で、三人は音を聞いた。

声である。

三人は顔を見合わせた。

何かブツブツと呟《つぶや》くくぐもった声が聞こえてくるのだ。

「お姉ちゃんだ……」

Tさんは言った。

お姉さんにはトイレに入ってブツブツと文句を言う癖があった。呟き声はトイレの中から聞こえていた。

Tさんはトイレに向かった。ドアの向こう側から確かに聞こえる。何を言っているのかは判《わか》らないが、お姉さんの声だった。

亡骸は奥の座敷に横たわっているのに、ここではっきりと声がしている。

「お姉ちゃん」

声をかけてドアを開ける。

暗いトイレには誰もいなかった。

三人ともちゃんと声を聞いているのだから、幻聴の類ではない。

ドアを閉めて座敷に戻ろうとすると、また背後からブツブツと呟く声が聞こえて来た。

もう一度ドアを開けても誰もいない。声も途切れる。再びトイレから離れると呟きが始まる。

Tさんは姉の姿を見つけることを諦《あきら》めて、亡骸の横たわる座敷に向かった。

採話No.090　鈴の音

いつの間にか呟き声は途切れていた。

時間はゆっくりと流れ、夜中になった。

三人は、再び音を聞いた。

今度は鈴の音である。

鈴の音が外から聞こえている。それはゆっくりと人が歩く速度で移動している。どうやら家の周りを回っているようだ……。

「鍵《かぎ》の鈴――」

お母さんが呟いた。

Tさんもその音に覚えがあった。お姉さんが家の鍵につけていた鈴の音だ。

「あっ」

「母さん、お姉ちゃんの鍵はどこ?」

Tさんは訊いた。

「鞄《かばん》の中だと思うけど……」

Tさんはお義兄さんの許可を得て、夫婦の部屋に入りお姉さんの鍵を探した。

しかし、部屋にはなかった。家中を探し回ったが、鍵は見つからない。

その間もずっと鈴の音は家の周りを回っていた。

Tさんは外に出てみたが、鈴の音が聞こえるだけで、お姉さんの姿を見ることは出来なかった。

採話No.091 彷徨う姉

火葬を終え、葬儀を終えて、Tさんのお義兄さんが病院に戻ると、同室の患者さんたちが青い顔で話しかけてきた。

「来たよ」

隣のベッドの患者が言った。

「誰が？」

「奥さん」

その答えに、お義兄さんはゾッとした。トイレから聞こえた呟き声や一晩中家の周りを回っていた鈴の音を思い出したのだ。

お義兄さんが一時退院している間、毎晩奥さんが病室を訪れたのだという。

普通の服装で、お義兄さんを見舞う時と同じに病室に入ってきたので思わず、

「一時退院しているよ……」

と言いかけた。しかし、すぐ、今部屋に入ってきた人の葬式のために退院しているのだと思い出し、怖くなって毛布を頭から被《かぶ》って寝たふりをしたという。

Tさんのお姉さんは、お義兄さんの空のベッドの辺りをうろうろした後、病室を出ていく。それを毎晩繰り返したというのだ。

そして、隣のベッドの患者以外にも、夜となく昼となく、夫の姿を探して病院の中を彷《さま》徨《よ》うTさんのお姉さんの姿を目撃した患者は多い。

お義兄さんからその話を聞いたTさんは、菩提寺《ぼだいじ》の和尚《おしょう》さんに相談した。

和尚さんは、

「突然亡くなったので自分が死んだことを判っていないのだろう」

と言って合掌した。

採話No.０９２　待つ姉

その後、Tさんはお姉さんの夢を見た。

お姉さんは、見知らぬ平屋建ての家の玄関にいた。

Tさんが、最後の日のケンカのことを詫《わ》びると、そんなことはいい、と答えた。

「でも、来ないの」

とお姉さんが言う。

「ダンナさん?」

と訊くと、

「そう。来ないの」

と、もう一度答えた。

数日後、義兄が突然家を出て行った。妻が死んでしまったのだからこの家に縛り付ける何物もないのだとは思ったが、一周忌も迎えていないのに冷淡な男だとTさんは思った。

お義兄さんが引っ越した先は平屋の家だった。Tさんの夢に出てきた家にそっくりだった。

その家で、姉は待っていたのだ、とTさんは思った。

仲の悪い夫婦だったが、姉は夫が好きだったのだ。

Tさんの実家には、亡くなったお父さんの写真の横にお姉さんの遺影を飾ってある。

お姉さんの写真は、いつも額縁のガラスの内側が濡《ぬ》れている。拭《ふ》いても拭いても、止まらない涙のように、ガラスの内側が濡れるのだという。

採話No.066　市松人形

既出《きしゅつ》のMさんの、お姉さんの話である。

Mさん同様、お姉さんもよく〝観《み》る人〟だという。

ある日の夜。異様な気配で眼《め》が醒《さ》めた。

部屋の中は、カーテン越しに街灯の明かりが漏れていてわずかに明るかった。

ほの明かりの中、蒲団《ふとん》の周囲を動くものがある。

オカッパ頭の市松人形だった。まるで足に車輪がついているかのように、滑らかな動きで蒲団の周りを回り続けている。

カーテンの隙間《すきま》から差し込んだ街灯の明かりが顔に当たるたびに、ガラスの眼がキラリキラリと光った。

恐怖のあまりしばらくすくんでいたが、なんとか祓《はら》わなければならないと、蒲団の中で合掌して神仏に祈った。特定の信仰はもっていなかったので、「南無阿弥陀仏《なむあみだぶつ》」とか、「早くお帰り下さい」とか、思いつく限りの言葉を呟くうち、人形はいつの間にかいなくなった。

そんな夜が数日続いた。祈りが届いたのか、いつの間にか人形は現れなくなり、以後一度も見ていないという。

しかし、家の中を見知らぬ男に横切られたりという怪異は、まだよく起こっているという。

採話No.067　紫色の痣

Mさんと仲の良かった友達が亡くなった。

その知らせを聞いた直後からMさんの身体《からだ》に異変が起こった。

腕や脚に黒っぽい紫色の痣《あざ》ができたのである。

どこにもぶつけた記憶はないのにと思っていると、一晩でその痣は全身に広がった。膝《ひざ》上から首の辺りまで皮下出血を起こしたように変色してしまった。しかし、痛みは全くなかった。

慌てて病院へ行くと、医者はMさんの痣を見て首を傾《かし》げ、

「こんなの、見たことない」

と言った。

友達の葬儀に出なければならないのだがと相談すると、医者は慌てた様子で、

「そんなことをしたら死んでしまうから行くな」

と、答えた。

しかし、親しかった友人の葬儀である。Mさんは医者の指示を無視して出かけることに決めた。

その夜、死んだはずの友人が黒い服を着て自分自身の墓に手を合わせている夢を見た。お別れに来たのだろうかと思いながら、翌朝、身支度を整えて葬儀に参列した。

納骨のために訪れた墓を見て、Mさんは驚いた。夢の中に出てきた墓とそっくりだったからだ。

次の日。Mさんは再び驚いた。

全身の痣が綺麗《きれい》さっぱりなくなっているのだった。

採話No.０６８　海へ逝くI

四十年ほど前、Hさんがまだ若い頃の話である。
飲み屋で飲んでから一人で歩いて家へ帰る途中、不思議な体験をすることがあった。
一人で店を出たはずが、いつのまにか隣に誰かがいて、一緒に歩いている。
世間話をしながらふらふら歩いていると、いつの間にか隣の誰かはいなくなっている。
そして、必ず岸壁に立っているのだ。足元には波が砕けている。
そんなことが何度もあって、Hさんは水死人に呼ばれているのではないかと思った。

採話No.０７７　海へ逝くII

二十五年ほど前のことである。
小学生だったMくんは風邪を引いて学校を休んだ。
熱のためか妙にリアルな夢を見ていた。
夢の中でMくんは海辺を歩いていた。
岸壁である。左側が海で、小さい漁船が数隻もやわれていた。

空は晴れ渡り、海は青く凪《な》いでいた。

風が心地よくて――眼が醒めた。

夢だと思っていた景色が周りにあった。

Mくんは、岸壁にパジャマ姿で立っていたのである。

Mくんの通う小学校の規則では、そこで遊んではいけないことになっていた。

Mくんが目ざめた岸壁のその場所では、同じ小学校の生徒が二人までも転落し、水死していたのだった。

採話No.097　因縁

実は、前述の《海へ逝くI・II》の語り手HさんとMくんは親子である。

そして、二人が誘われた岸壁は、ほぼ同じ場所だということが採話のあとで判った。

採話No.069　神棚

日本海側のある漁村での話である。

漁業に携わる人々は、死と隣り合わせの荒海に乗り出すこともあり、信心深い人が多いという。

ある漁師さんの嫁が、家の神棚を「いらない」と言って捨ててしまった。

その後、冬に姑《しゅうとめ》が雪で滑って転び、打ち所が悪くて亡くなってしまった。

次に子供が重い病気になった。

嫁は、自分が神棚を捨てたせいで子供まで死なせてしまうと世をはかなみ、川へ入って自殺した。

しかし、子供の病気は誤診だった。

母と嫁を亡くして漁師は船を下り、就職した。

真面目《まじめ》な性格だったので職場でサボっている人を見過ごせず、怒って殴ったら相手が死んでしまい、刑務所送りになった。

＊　＊

また、こういう話もあった。

Lさんは魚市場で働いていた。まじめで人柄もよく、人望もあった。

家の裏にお稲荷《いなり》さんがあり、代々その家が掃除などをしていたが、Lさんの代になってないがしろにするようになった。

何年も経って、しだいにLさんの様子がおかしくなり始めた。精神的に不安定な状態が続くようになったのである。

良くなったり悪くなったりを繰り返していたが、ある時、家を走り出して庭にある風呂《ふろ》場に駆け込んだ。

家族が駆けつけると、まるで逃げ込むようにカラの風呂桶《おけ》に入り、「コン！」と叫んだ。

家族は病院に連れて行き、市場では「狐《きつね》に憑《つ》かれた」と噂《うわさ》になった。

今でも仕事には復帰していない。

採話No.070　口寄せ

既出のHさんの、お兄さんにまつわる話である。

名前はカズオさん。三十六歳で他界された。

一旦《いったん》酒を飲み始めると、二斗《と》飲むまで何も食べずに飲み続ける人だった。

二斗飲むと「具合が悪い」と言って病院で点滴を受け、治ると職場に復帰する。大酒飲みであるという以外はとてもいい人で、職場でも信頼されていた。

ある日の夜中、Hさんの奥さんがカズオさんの家に様子を見に行った。また酒を飲んで病院へ行ったという話を聞いたからだった。自宅から歩いて二、三分ほどの所にカズオさんの家はあった。

しかし玄関に出たカズオさんの奥さんは、

「家にあがってもらえないほど散らかっているので……」

とすまなそうに言った。

Hさんの奥さんはカズオさんが心配だったが、仕方なく自宅に戻った。

しかし、家についた途端に寂しくてたまらなくなった。

普通の寂しさではない。なにか霊的なものを感じ、怖くなって夫のHさんを起こした。

Hさんは、

「仏さんに線香をあげろ」

と言ったが、奥さんは一人で仏間まで行くことができず、Hさんにつき合ってもらって線香を上げた。すると、気持ちが落ち着いて、何とか眠ることができた。

翌日の夜中、カズオさんが救急車で病院に運ばれた。

Hさんの奥さんも救急車に乗り込み、「がんばって」とカズオさんに言って手を握ったが、おそろしく冷たかった。

カズオさんはもう死んでいたのだった。

次の日からHさんの奥さんは、カズオさんが亡くなった時間に眼が醒めるようになった。

そして無性に酒が飲みたくなった。

ウィスキーとグラスを枕元《まくらもと》に用意しておき、眼が醒めるとストレートで飲んだ。

酔うまで眠れなかった。それが三ヶ月ぐらい続いた。

もしかすると、カズオさんに憑かれてしまったのかと思い、祈禱師《きとうし》に口寄せをしてもらうことにした。

依頼した祈禱師は、近所では《拝むお婆さん》と呼ばれるかなり高齢の小柄な老婆《ろうば》だった。

老婆は数珠《じゅず》を揉《も》みながらお経を唱えた。

しばらく低い読経の声が続いていたが、突然、老婆は座ったまま身体《からだ》を後方へ反り返らせた。頭が床につくほどの姿勢にHさんの奥さんは驚いた。

そして、カズオさんが現れた。

「おう、オレだ」

と、生前のカズオさんとそっくりの口調で老婆が喋《しゃべ》った。

普通のイタコさんは、歌うような喋り方で自分の声音のまま語るが、その老祈禱師は違った。

カズオさん以外にも大勢の祖先の霊が現れた。

「三代前のウマノスケだ」

と、名乗る霊も現れた。そんな名前の先祖は聞いたことがないと思ったが、のちに調べたら本当に三代前にウマノスケという先祖が実在していた。

採話No.071 親心

友達のCさんの体験談。

同じ部署の後輩（女性）、Iさんのお父さんが亡くなった。

お葬式でCさんは、

「お嬢さんには必ずいい人を見つけるので、安心してむこうへ行って下さい」

と拝んだ。

数ヶ月後、ある街で大きな仕事を終え、相手の会社の人達とパーティーが開かれることになった。Iさんもプロジェクトに参加していたので一緒だった。

Cさんはその仕事が終わった直後から熱っぽくて具合が悪かったので、飲み会の時間までホテルの部屋で寝ることにした。

眼が醒めたとき、急に飛行機の飛ぶような音が聞こえてきた。かなりの低空飛行をしているような音だった。

時刻は夕方で、カーテンを閉めて寝ていたが、部屋の中は真っ暗ではなかった。

ドアのところに何かの気配を感じ、そちらを見ると、中年の男性が立って自分の方を見ていた。

Iさんのお父さんだ、と思った。

そう思ったと同時に、黒い影が頭を下げた。

お父さんは、生前にも会うたびに「娘をよろしく」と言って頭を下げる人だった。その仕草そのままだった。

すると不思議なことに、急に熱っぽいのが引いた。

その時セットしておいた目覚ましが鳴った。アラームを止めようと眼を離した一瞬に、Iさんのお父さんは消えた。

Cさんは着替えをして、パーティー会場へ向かった。

パーティーは盛会のうちに終わり、プロジェクトのメンバーでホテルまで歩いて帰った。

Cさんは、横を歩くIさんにさっきの出来事を語った。

「夕方、お父さんに会ったよ」

Iさんは驚いて、そのあと泣き出した。そして、

「Cさんのところへも行きましたか」

と言った。

最近、お世話になった人のところへ挨拶《あいさつ》に歩いているらしい、とお母さんが話していたのだという。

「幸せになれよ」

とCさんは言いながら、つられて泣いた。

一年後、Iさんは結婚した。

採話No.０７２　二つの月

Rさんのお母さんの話。

ある日、自分の家と隣の家との間から、月が二つ出るのを見た。

何かの光が空に映っているのかと眼を凝らして見たが、どう見ても月だった。

どちらがニセモノとも判らないほどそっくり同じ月なのだ。

珍しいものを見たと思い、娘のRさんにも見せたくて、呼びに行ったが、その間に消えていた。

その年の内に長男の嫁とRさんの父が死んだ。

Rさんは知り合いが亡くなるとき、よくオレンジ色の球を見る。お母さんが見たのは月ではなくそういった類のモノではなかったかとRさんは言った。

採話No.０２４　沖縄の話

『先日お話ししそびれたことを、思い出しましたのでメールします』

という書き出しで、ハタくんから長いメールが来た。

こういう話である。

――一九九〇年。大学三年の年、ハタくんはオートバイでの日本一周に挑戦した。鹿児島《かごしま》からフェリーで那覇《なは》港に着き、沖縄本島の南に位置する「新原《みいばる》ビーチ」でキャンプをした時の話である。

そこはキャンプ禁止だったが、管理人に交渉した結果、「洞窟《どうくつ》なら雨もしのげるし、いいよ」とOKをもらった。

着いたときは夕方だったが一〇〇人以上の人がいて、今夜はうるさくなるな、と思っていた。テントを張っていると一匹の犬が寄ってきて、その後ずっと一緒にいた。

辺りが暗くなる頃、大半の人々が引き上げて数組のグループのみとなり、午後十一時頃にはそのグループも帰り支度を始め、とうとうハタくんと一匹の犬だけが浜辺に取り残されることになった。

あるグループが帰り際、ハタくんに「よく一人で泊まれるねー」と話しかけてきた。北海道からバイクで旅してきたと話すと、彼らは「沖縄は神の住む島だからねー」と言って引き上げていった。

ハタくんは彼らの話を特に気にもとめず寝ていたが、午前一時半、暑さで目を覚ました。外は薄明るく波の形までハッキリと見えた。

犬はテントの入り口で丸くなって眠っていたが、ふいに起きあがるとすごい勢いでどこかへ走り去って行ってしまった。

今までずっと一緒にいたのに、家にでも帰ったのかな……。

そう思い、ハタくんはもう一度寝ようとした。

その時、テントから二〇メートルほどのところに、二〇人ぐらいの人々の気配を感じた。

男性の低い声で、お経のような合唱が聞こえてくる。

ハタくんにはその言葉は、「イルミーなんとかかんとか……」と聞こえたそうだ。

その瞬間、生まれて初めての金縛りをハタくんは体験した。

唇も指先も、全身が動かなくなり、恐怖だけが増してゆく。


「辛《つら》いことや不安になることがあったら、念仏を唱えなさい」という父親の言葉を思い出し、ハタくんは念仏を唱えようとした。

しかし声は出ない。頭の中で唱えようとしても、それすら出来ない。

必死の思いでようやく「な・む・あ・み・だ・ぶつ」と唱えた途端、金縛りが解けた。

横向きに丸くなり、ガチガチと震えて体中の毛穴から汗が噴き出した。

太股《ふともも》をつたう汗の感触を今でもはっきりと覚えている、と言う。

震えながら念仏を唱え続けていると、サクッ、サクッ、というゆっくりとした足音が聞こえ、テントの周りをぐるぐると回り始めた。

意を決し、ハタくんは外を見た。

目に入ったのは、映画で見た日本兵のような、ゲートルを巻いた足だった。

ますます訳が判らなくなり、ハタくんはひたすら念仏を唱え続けた。

しばらくその状態が続いていたが、ハタくんはふと英語のラジオ放送を思い出した。

英語＝米軍＝日本軍はビビる、という発想から、ハタくんはラジオのスイッチを入れた。

気づくと足の主も二〇人ぐらいの気配もなくなり、時計を見ると午前四時半。

彼は三時間も念仏を唱え続けていたのだった。

やっとホッとした時、サッサッサッと砂を踏む足音にハタくんはギクリとした。

それはいなくなった犬が、もう一匹の仲間を連れて帰ってきた足音だった。

その日は日の出まで寝ることが出来ずラジオを聴いていた。

「本日は八月十五日。終戦記念日です」

ラジオから聞こえてきたその声に、ハタくんはハッとした。

お盆だったのだ。では、足音の主は戦没者だったのか……。

＊　＊

その日、ハタくんは『ひめゆりの塔記念館』に行き、様々な記録を見た。

沖縄本島南部は第二次大戦の激戦地で、特に海岸での戦闘が激しかったこと。

あまりの激戦に耐えかねて、洞窟では兵士や女性・子供の自決が行われたこと、など。

タクシーの運転手さんに「新原ビーチ」の話を聞くと、兵隊さんの幽霊が出るので有名だよ、と言われ、その日の出来事のつじつまがなんとなく理解できた。

後日、ハタくんは父親にその日の話をした。

父親は、「戦没者は靖国《やすくに》神社に祭られていてお経をあげてもらっていない。お盆にこの世に戻っていた時にたまたまおまえに会った。そして大勢いた中の一人が、念仏を唱えてくれてありがとう、という意味をこめてテントの周りを回って成仏していったんだ。おまえが死んだら、天国でこの人たちに会える楽しみが出来て良かったな！」

と強引な解釈をしてくれたそうだ。

そして最後に父親は、父が三歳の時に亡くなったハタくんの祖母が、今で言う霊能者のようなことをしていたのだ、と教えてくれた。

おまえが霊を見ても不思議じゃない、と。

ハタくんは、祖母がそういう人だったことを二十歳にして初めて知ったという。

＊　＊

採話No.０８４　怒られたはなし

前回の『百物語　実録怪談集』をつくっていたとき、担当編集者が体験した話である。

編集者Oくんが巻末の鼎談《ていだん》の著者校正をチェックしていて疑問点が出た。そこで、鼎談者の一人、大迫純一氏に電話をかけた。

ご自宅は不在。急ぎだったので携帯電話にかけた。

ところが――。

『こちらは留守番電話です。ただいま電波の届かない所におられるか……』

携帯電話会社が設定した定型メッセージが再生された。出来るだけ早く連絡をもらおうと、留守電にメッセージを吹き込もうと用意した時、

「うるせぇ！　馬鹿ッ！」

野太い親爺《おやじ》の怒鳴り声が耳元で炸裂《さくれつ》した。Oくんが呆然《ぼうぜん》としているうちに、電話は切れた。

大迫氏の悪戯《いたずら》ではないことは言うまでもない。

採話No.093　叩かれたはなしI

作家M嬢の話である。

既出の編集者OくんはM嬢の担当編集者でもある。

Oくんはある日、有名な幽霊屋敷についての話をM嬢にしていた。

話が佳境《かきょう》に入った時、突然M嬢が悲鳴を上げた。

「痛っ！」

M嬢が顔を押さえている。

「どうしたんですか？」

Oくんが聞くと、

「誰かが叩《たた》いた」

とM嬢は答えた。

その時M嬢の周囲にはOくん以外に人はいなかった。

しばらくたって、見えない何ものかに叩かれた頭には瘤《こぶ》、顔には痣《あざ》ができていた。

この痣や瘤は数日間引かなかったという。

採話No.094　叩かれたはなしII

懲りもせず担当編集のOくんは、別の作家H氏に前出の幽霊屋敷の話をした。

作品の打ち合わせの席だった。

その夜——。

自宅に戻ったOくんは、ベッドに入って明かりを消した。

カーテンから漏れる外の常夜灯の光がすっと暗くなった。

「あれ？」

と、思いながら周囲を見回すと、頭上に緑色の小さい光球が出現した。

昔懐かしいコンピュータのグリーンディスプレイの光と色によく似ていたとOくんは言う。

その光が天井付近からゆっくりとOくんに向かって降りてくる。

「なんじゃこりゃ？」

と、眺めていると、突然、目に見えないモノの手で、頭と胸を数回叩かれた。

かなり痛かったが、痣や瘤はできなかった。

採話No.095　頬被り

三十年ほど前。

夜の十一時ごろ、Rさんは細い路地を我が家へ向かっていた。

路地の正面がRさんの家。向かって右隣が、老夫婦の住むO家だった。

この二軒の間は大人ひとりが歩けるかどうか、という隙間《すきま》。その奥はまったくの闇《やみ》だった。

隙間の向こう側に、白い手ぬぐいで頬被《ほおかぶ》りをしたO家のお婆さんが通り過ぎるのが見えた。お婆さんはいつもそうやって頬被りをしていた。

お婆さんがストーブ用の薪を取りに出たのだろうと思ったRさんは、戻ってきた時に声をかけようと思ってしばらく道端で待っていた。

しかし一向に戻ってこない。そのうちRさんは寒さに負けて家に入った。

翌日、隣のお婆さんに昨夜の話をしたら、夕べは九時ごろに寝たんだがね、と首を捻《ひね》る。

昨夜のことをもう一度思い返してみたRさんは、いつもは見えないはずの隙間の向こう側がぼんやりと見えていたことに気づいた。

そしてお婆さんの頬被りの手ぬぐいだと思っていたものが、蛍光色にほのかに光っていた事、卵が横になったような形でいくぶん尾を引いていたことなどを思い出したのだった。

採話No.096　先輩

一九九七年の秋。Dくんは結婚した。

披露宴の列席者のなかに、Dくんの大学の先輩がいた。

先輩はDくんと同じ県出身で、同郷のDくんをとてもかわいがってくれた。

その先輩が、式から二週間後に亡くなってしまった。

高速道路で自損事故を起こしたところに、観光バスが運転席に激突。

わずか一歳の娘を遺《のこ》しての、痛ましい出来事だった。

Dくんにとって、結婚式での対面が先輩とのお別れになってしまったのだった。

それからひと月以上が過ぎたある日。

行きつけの居酒屋でマスターと話していた時のこと。

「そう言えばDくんの友達、高速道路の事故で亡くなったよね」

マスターにそう言われ、Dくんはその日がちょうど四十九日ではなかったか、と思い当たった。

「確か今日が四十九日かも……」

そうマスターに告げた瞬間、カウンターに座ったDくんの頭上にあったライトだけが、パンッ！　と音を立てて消えてしまった。

店内の他の照明や電気機器には、一切異状はなかったそうだ。

先輩が最後の挨拶に来てくれたのだと思い、マスターから杯をもらって別れの一杯を注いだのだそうだ。

採話No.０２７　自動車を揺らす者

釣友《ちょうゆう》のFさんの友人Jさんの話である。

岩手県南部にMという川がある。北上川の支流の支流である。

人家もない山の中を流れる川だが、秋田にぬける道が通っている。

Jさんは友達のEさんと連れだってM川に向かった。それぞれの車に乗り、深夜に出発し、夜明け前に狙《ねら》ったポイントに着いた。夜明けとともに川へ入ろうという計画だった。

二人はそれぞれの車で夜明けまで仮眠をとることにした。

うつらうつらとした時、Jさんは激しい揺れに目を覚ました。地震かと思って慌てたが、フロントグラスの向こうに、ボンネットに両手を当てて車を揺する人影がある。

ははあ。Eの奴、おれを脅かそうと思って車を揺すっているな。

そう思ってJさんは、ひとこと言ってやろうと思い、外の人物に眼をやった。

全身に凍りつくような衝撃が走った。

車を揺らしている人物は、全身に薄汚い包帯を巻きつけていた。古い映画のミイラ男のように、頭も胴体も腕も、包帯でぐるぐる巻きになっていたのである。

Jさんはきつく眼をつむり、座席で小さくなった。ドアはロックしてあるから〝あいつ〟が入り込んでくることはない。

しばらくたつと車の揺れが止まった。

悪い夢でも見たのだろうか……。

そう思って外を見ると、もうミイラ男はどこにもいなかった。

しかし、まだどこかに潜んでいるのではないかと思うと、怖くて外にも出られない。

あんな映画から出てきたような幽霊なんているわけはない。きっと見間違いだ。そう思ってはみても、やはり怖かった。

そうするうちに外が白みだし、後ろに止まったEさんの車のドアが開く音がした。

運転席側に駆け寄ってくるEさんの姿を見てJさんは窓を開けた。

「さっきのは誰だ？」

Eさんは青い顔をして訊いた。

「お前も、見たのか？」

「ああ。ミイラ男……」

Jさんは改めて恐怖に総毛立った。

採話No.028　怪談本のこと

前回、今回とも『百物語』の担当編集はOくんが行っている。その他にも彼はたくさんの怪談本の担当編集をしているが〝色々な苦労〟があるという。

「丁度春先から出版社では、夏に発売する怪談本の編集がはじまってるんです」

Oくんは語った。

「不思議なことに、怪談本の編集を始めると、高確率でコンピュータが壊れたり周辺機器が壊れたり、道ばたでやたらと犬に吠《ほ》えられるようになるんです」

あるとき、Oくんは、編集中の怪談話の順番を入れ換えるため、パソコンを使って話を切り出す作業をしていた。

しかし、何度数えてもあるはずの一話だけ足りない。

仕方ないので、画面をスクロールさせて眼で最初から数えると全話そろっている。

Oくんは首を傾げながら、元原稿と切り出した原稿をつき合わせた。そしてパソコンでは切り出せない話を見つけだした。

そこで、もう一度その切り出せなかった話のタイトルをパソコンで検索すると……。

引っ掛からない。

別のバグかと思い、別のファイルを開いて同じ単語を検索してみる。

Oくんは画面を見て唸《うな》った。そちらでは検索に引っ掛かるのだ。

しかし、怪談原稿では何度やっても素通りしてしまう。

原因は全く判らない。

そうこうしているうちに、コンピュータのOSが落ちてしまった。

電源を入れ直すと、ハードディスクが見当たらない。

ウィンドウズは起動するものの、すぐに落ちる。

悪戦苦闘するOくんを見かねて別の編集者が操作してみると、ちゃんと動くのである。

この怪現象は、担当編集が某神社でお祓《はら》いをしてもらった後、解消した。

採話№.085　便利な声

編集者の生活時間は不規則である。

「傍目《はため》から見ていると、いつも違う時間に帰ってきて昼頃まで寝ているという、相当に胡《う》散臭《さんくさ》い人にご近所から思われてしまってるようなんですよ」

とOくんは笑う。

ある日、Oくんは明け方まで会社で仕事をし、始電でマンションに帰った。

すぐにベッドに潜り込み、ぐっすりと眠り込んだ。

すると突然、

「うわぁぁぁぁぁあ」

と、凄《すさ》まじい大声が轟《とどろ》いた。

Oくんは驚いて飛び起きた。

時間は朝八時ジャスト。

辺りを見回しても独り者の部屋の中にはOくん以外に誰もいるはずもない。

しかし、この部屋は防音の性能がとてもよくて隣の部屋の音など漏れてきたことなどない。

それからしばらくの間、毎朝Oくんの部屋には大声が轟き、午前八時ジャストに起こされることになる。

この現象は現在も断続的に起こっているという。

採話No.０３０　隣の座敷

ルポライターのJ氏がある雑誌の取材のために我が家を訪れてくれた時、

「実は、今までの生涯で二回だけ、不思議で怖い体験をしているんです」

その一つ目の話である。

ルポライターのJ氏はある訴訟の取材をしていた。大勢の方が亡くなった大きな事件であるが、詳しくは述べられない。

ある時、帰りの電車がなくなり、原告団が所有している集会所に泊めてもらうことになった。

部屋は二つ。入り口に六畳ほどの座敷。奥は被害にあった人達の位牌《いはい》を並べた祭壇の間があり襖《ふすま》で仕切られていた。

J氏は、寝る前に今日の取材のノートを整理しておこうと思い、座卓を引っぱり出して仕事を始めた。

夜中——。

奇妙な物音に気づいた。

何かで畳を擦《こす》る音だ。襖の向こうから聞こえている。

なんだろう……。箒《ほうき》でも使っているような音だ。こんな夜中に、誰かが掃除をしているのか？

J氏は耳を澄ました。

ザァッ。ザァッ。ザァッ。ザァッ。

と、音は続いている。

J氏はその音の正体に気づいた。

誰かが掌《てのひら》で畳を擦っているのだ。音の重なりで、それが両掌だと判った。

誰かが膝《ひざ》をついて身をかがめ、両手を扇状に動かしているのだ。

暗い座敷の中で、床の上に落としたものでも探っているように。

ザァッ。ザァッ。ザァッ。ザァッ。

音は、奥の座敷の中をぐるぐると回っている。捜し物はなかなか見つからないらしい……。

『ちょっと待ってくれよ……』

J氏は、捜し物をしている〝人物〟が人間ではないことを直感した。

直後、音が変化した。

ザッザッザッザッ。

床を擦る音がこちらに向かって来る！

『許してください！』

恐怖のあまり、J氏は心の中で叫んだ。

ドンッ！

襖の向こう側から何かが衝突した。

襖がたわむのがはっきり見えた。

『許してください！　許してください！』

J氏は祈った。

襖の向こうのモノは何度か襖に衝突し、やがて静かになった。

J氏は仕事を放《ほう》り出し、蒲団《ふとん》にくるまったまま朝を迎えた。

原告団の方に昨夜の出来事を伝えるわけにはいかない。J氏は集会所に顔を出した代表の方に礼を言って、帰路についた。

＊　　＊

何年か後、代表の方に会う機会があった。失礼にならないよう言葉を選びながら集会所での一夜について語ると、その方は笑いながら言った。

「やっぱり出ました？　あそこは出るんですよ」

そうと判っているなら言ってくれればよかったのにと、J氏は少し不機嫌になった。

採話No.０３１　背後の襖

ルポライターJ氏の二つ目の話である。

J氏は東北のある霊山に取材のために出掛け、宿坊に泊まった。夜、床につく前に、J氏は廊下の洗面所で歯を磨いていた。正面の鏡を見ながら歯ブラシを動かしていると、背後にある襖がガラリと開いた。

驚いて鏡越しに襖の奥を見るが、薄暗い部屋の中に人影はない。

全身の産毛が立ち上がった。

『許してくださいよ……』

その場に凍りつきながら、眼は鏡に映った襖の奥から離せない。

誰も出てこない。襖も開いたまま動かない。

ルポライターであるJ氏は、襖の開いた原因を確かめるべく、意を決して振り向いた。

襖は開いている。廊下にはJ氏以外に誰も居ない。

J氏はそっと襖に近づき、部屋の中を覗いた。

誰も居ない。黴臭《かびくさ》い薄暗い部屋は寺の納戸《なんど》らしく色々な物が置かれ、積み重ねてあった。

J氏は戸を開けた人物を見つけようと思った。寺の使用人か誰かが物を取り出しに来ていたのだと判れば安心できる。そう思って納戸に足を踏み入れた。

しかし、誰も居なかった。

昨日、住職から聞いた話を思い出した。

「この辺りに住む人々はみな、最期にはこの寺を通って御山へ還《かえ》るのだ」

廊下のはずれの窓からは綺麗な青空を背景に聳《そび》える御山が見えた。

きっと、村に住む誰かが御山へ還ったのだとJ氏は思った。

採話No.025 こんばんは

近畿地方に住む友人Tくんの話である。

Tくんはある職人さんに弟子入りして師匠の家の二階に住んでいた。

夜中、尿意をもよおして二階のトイレに行った。

用を足している最中、顔の斜め上三十センチほどのところから「こんばんは」という低い男の声が聞こえた。

驚いて顔を上げたが、何も見えない。

すぐ横の階段下が玄関だったので、誰かが訪ねてきた声なのかとも思ったが、声はすぐ頭上から聞こえてきたのだ。

念のために玄関に降りた。誰もいないし、鍵《かぎ》も掛かっている。外に出てみても人影はない。

師匠の話では、家の近くの踏切（現在は跨線橋《こせんきょう》になっている）は昔、電車に飛び込む人が多かった。まだ迷っている人が訪ねてきたのではないかと師匠は言った。

Tくんは当時、実家にいる時より、ずっと疲れやすくなっていたそうだ。

そして、頻繁に金縛りにあった。

月に一度ぐらいのペースでやって来て、毎回、同じパターンで事態は進行する。

夜、寝ていると身体が動かなくなっていることに気づく。

そして、枕元に長い髪の若い女性が来る。

のっぺらぼうで、顔は判らない。

Tくんは目を閉じているが、女がそこにいると判る。

話をしているわけではないが、彼女の「私はもう死んでいるの」というメッセージが伝わってくるのだという。

いつもは佇《たたず》んでいるだけだったその女が、ある時力ずくでTくんを連れて行こうとした。

壁のすぐ横にベッドがあったのだが、女は壁からヌルリと抜け出してきたのだ。

そして、Tくんの手を取り、ぐいぐいと壁の中に引きずり込もうとする。

空手もやっていたTくんは、稽古《けいこ》の時と同様の気合いを発して、難を逃れた。

Tくんは、今でも腕にその時の女性の爪《つめ》の感触がある、と言う。

Tくんの師匠も〝観る〟人だったそうだ。

ある夜。女の幽霊が出ることで有名な人造湖の側《そば》の道を夜間車で走っていた。助手席には奥さんも乗っていた。

後ろから自動車のライトらしいまぶしい光がついてくる。

ハイビームにしているような光で、左右に揺れていた。

暴走族だろうと思い、道を譲ろうとしてスピードを落とした。

すると、その光は車の中を後ろから前へ突き抜けていった。運転席と助手席の間を眩《まばゆ》い光が猛スピードで抜けていったのだ。

抜けた、と思ったらすぐ消え、真っ暗になった。

師匠は「あの女が来たんや」と確信を持って言っていたそうである。

＊　＊

採話No.０９８　スタジオの話

放送局で長くバイトをしていた友人のMくんの話である。

「関係ないような二つの出来事が、妙に繋《つな》がって感じられるっちゅう話やねんけど」

と、前置きをしてMくんは語ってくれた。

学生時代、東京で有名なグループのコンサートがあって、収録のカメラ・アシスタントのバイトにでかけた。

収録が終わってから、ケーブルを片付けながらふと空を見上げると、飛行機が飛んで行く。よくある光景でどこが気になったのかは判らなかったが、それでもしばらく頭上を通り過ぎる飛行機の姿を見ていた。

その直後、視野の隅にランニングを着た人をとらえた。その人は車の脇の、フェンスの向こうを通り過ぎて行った。Mくんのすぐ横である。

フェンスの向こうは急な土手で人が登れる場所ではないし、歩けるようなスペースもない。

ゾッとしてそちらを見ると、誰もいない。

一緒にバイトしていた友人と、「今の人、どこへ行った?」と話した。

その日の夜、飛行機の墜落事故があった。

その中継車は、その場から現場へ直行した。

頭上を飛んでいた飛行機がその便かどうかは不明だったが、Mくんはランニングシャツの男のぼんやりした姿とともに、無関係とは思えないという。

Mくんはその後、テレビ局内でも何度もバイトをした。

あるテレビ局の、ラジオのスタジオがある旧館の話である。

地下に降りてゆくまっすぐな通路がある。

地下の機材庫で、夜、一人で仕事をしていると、誰もいないはずなのに通路を人が来る足音がする。

外を見ても誰もいない。

何度も経験したことで、Mくん以外にも多くの体験者がいたそうだ。

仕事熱心な守衛さんが今も見回りをしているのだと局の関係者は言っているそうである。

＊　＊

取材の最後にMくんは、

「これは既視感《デジャビュ》なんやけど……」

と話し始めた。

周囲の風景が、以前に見たことがあるような気がすることがよくあるのだという。

既視感は記憶の逆転――今見ている景色が過去に見たものだと感じてしまうことによっておこると言われる。しかし、Mくんの場合は、そばに奥さんがいる場合など、

「あの角から男の人が出てくるで」

と、その姿形まで語るのだという。

すると、その言葉通りの男の人が現れるというのだ。

そういう時には、頭がぼうっとするような感じになると、Mくんは語った。

「それ、既視感じゃなくて予知だよ」

と、取材の会場にいた人々は異口同音に言った。

採話No.099　飛行服の男

友人のTさんの叔母さんの話である。

二十年以上前のことである。

叔父さんと叔母さんが、仲間たちと浜で宴会をしていた。

叔父さんたちは魚屋をしており、叔母さんが少し遅れて刺身の盛り合わせを持って宴会の場所に向かった。

駐車場に車を停め、叔母さんは刺身を持って遊歩道を降りていった。

すると、道端の藪《やぶ》からふいに飛行服を着た人が現れて、消えた。

宴会をしていた仲間たちに話すと、前日に浜の近くにセスナが落ちたという話を教えられた。

しかし叔母さんが見た男は、昔のパイロット風の飛行服を着ていた、という。

百話目をふくめたあとがき

二〇〇三年初夏。

雑誌「ふうらい」の高橋編集長宅で二回目の怪談会が行われた。参加者は秋田在住の無線関係のショップのご主人M氏。テレビ制作会社のK氏。その弟さんの接骨師T氏。元プロレスラーのY氏。

会が始まる前に、ぼくは件《くだん》のMDを参加者に聞いてもらった。

映像・音響と無線のスペシャリストが揃《そろ》っている。もし、録音機材に原因があって曲が入っていたのなら、なんらかの仮説をたててもらえるのではないかと思ったからである。

「まるで喫茶店かどこかで録音したみたいに、自然に入ってますね」

と、いう発言のあとに、ぼく自身はまるで気がつかなかった原因が語られた。

「マイクです。マイクのワイヤーがラジオの電波を拾って、音が入り込んだんです」

M氏が言った。

「そんなことって、あるんですか?」

ぼくが聞くと、K氏が答えた。

「制作の現場ではよくあることです。この家の北方向には中継塔があります。そこに九十度の角度でマイクのワイヤーが向くと、音が入りやすくなるはずです」

幽霊の正体見たり――。という結果であるが、ぼくは興奮した。一つの怪異が、超常現象という枠の外で解決される例を体験できたことに興奮したのである。

SF作家を名乗っていても、ぼくの科学知識は普通の四十代のオジサン並でしかない。よもやマイクのワイヤーがアンテナの役割を果たすなどとは考えもしなかった。

二回目の怪談会の翌日。家内はMDを聞きながら、ラジオ放送とおぼしきアナウンサーの声が入り込んでいる箇所をみつけた。

昨夜の仮説がこれで検証されたわけである。

早合点してもらいたくないのだが、この一事をもって、心霊現象を否定するわけではない。

「二十一世紀の世の中に、幽霊話なんか」とか「ロケットやスペースシャトルが飛び、宇宙ステーション時代に――」とか、科学的見地に立って物を言っていると自認する方は、それがどれほど的はずれの発言であるか理解していない。ひとつの出来事を取り上げ、

「ほらやっぱり。心霊現象なんてないんだ」

という結論に飛びつきたがるものである。

《美しく青きドナウ》が入り込んだ件は、解決した。しかし、それはすべての怪異の説明にはなりえない。

まだまだ世の中には不思議な出来事、恐ろしい出来事は存在するのだ。

怪異と呼ばれるものに強い興味を抱き、ワクワクしながら採話をし、体験していく上で、常にニュートラルな意識を持とうと思って来た。

たとえば今回の例では、その意識がなければ頭から霊現象としてとらえて疑わなかったであろう。

「たしかに、そういうこともあるかもしれないが〝これ〟は本物である」

と意固地《いこじ》になって反論したくなる人の気持ちも判らないではない。

こういう話を採話した。

第二回目の怪談会に出席していただいた接骨師Tさんの話である。

高校時代、Tさんの友人二人が部活を終えてから岩手公園のベンチで一息ついていた。

すると五十代ぐらいの男性が声を掛けてきた。

煙草《タバコ》のことを言われるのかと思ったら、「このへんに霊が出る場所はないか?」と聞いてきた。

全国のそういう場所を巡っている、という。

近いところを何ヶ所か教えたら、そこは行って来た、と答える。

「慰霊の森」の話をしたら、あそこは大変なところだ、と言う。

それ以外の場所をよく知らなかったので、帰ろうとして立って歩き出したら、

「ちょっと待った! 今、そこをべとべとさんが通るから!」

と、叫ばれた。

《べとべとさん》は有名な妖怪《ようかい》であるが……岩手に伝わる話ではない。

何事も盲信は道を間違える元である。

「そういうことも、あるんじゃない？」

程度の意識で怪異を楽しめば、なにも問題はない。

と、このようなことを書けば真剣に信仰の世界に生きる方々からお叱《しか》りをうけるだろうが。

また、こういう話もあった。

採話No.001　糸車

昭和二十年代前半の話である。

Hさんのお祖母《ばあ》さんが亡くなった。

麻や木綿の糸を紡ぎ、布を織るのがうまかった人であった。

亡くなった夜、親戚《しんせき》が集まって通夜をしていると、どこからともなく糸車を回すカラカラという音が聞こえてきた。通夜であるから、当然誰も糸紡ぎの仕事などしていない。

一同はぞっとして床に寝かしたお祖母さんの亡骸《なきがら》を見た。

「お祖母さんの糸車は？」

と、Hさんのお父さんが訊《き》いた。

「お祖母さんが寝たきりになってから屋根裏部屋に置いてあります」

とHさんは答えた。

「見てこい」

とお父さんは言ったが、Hさんは怖くて怖くて足が竦《すく》んで動けない。

「おれも一緒に行ってやる」

と、叔父さんが立ち上がった。それに励まされてHさんは、奥の間へ向かった。屋根裏部屋に上がるための階段はその部屋にあった。

奥の間に入るとカラカラという糸車の音はよりいっそう大きく聞こえた。

叔父さんは懐中電灯を照らし、先に立って屋根裏部屋にあがった。Hさんもそれに続く。

叔父さんが懐中電灯で照らした先に、糸車があった。

本当にクルクルと回っている。しかし、取っ手を回す人の姿はない。

「うわっ」

叔父さんが小さい声で叫んだ。

Hさんはその声で飛び上がりそうになるほど驚いた。金縛りにあったように体が動かなくなった。

しかし、眼《め》は糸車に吸い寄せられていた。

丸い懐中電灯の光は、糸車を回している者を照らし出していた。

大きな鼠《ねずみ》だった。

声を上げた叔父さんを振り返りながらも、一心に糸車の環《わ》に手を当てて廻《まわ》し続けていた。

「お祖母さんが乗り移っているのかもしれない」

叔父さんは震える声で言った。そして、鼠を追い払うことなくHさんと共に座敷に降りた。

叔父さんは親戚の人々に屋根裏部屋で見たことを伝えた。

誰も鼠を追い払おうとは言い出さなかった。

糸車の回る音は明け方近くまで続いていた。

この話は、心霊現象であると断言するのは難しい。

糸を紡ぎ、布を織るのがうまいお祖母さんと、鼠がどうつながるのか——。鼠の行動の理由が判らない。

しかし通夜に集った人々は、人知を越えた関係を感じ取り、自分たちが納得できる理由づけをした。

因縁ばなしというのは、このように作られて行くのだろうと感じた。

前作と本書で二百話以上を採話し、語ったわけだが、まだまだ怪異談は集まり続けている。

さて第三夜は……。

怪奇座談会

平谷美樹（作家・本書著者）
大迫純一（作家・あやかし通信『怪』著者）
高橋政彦（雑誌「ふうらい」編集長）
市野清文（司会進行）

被害続出

市野　前回、本編より下手をすると、鼎談《ていだん》の方が怖いと言われていましたが。（笑）
平谷　ほっといてくれ。
大迫　あ、そうなの。
市野　とは言っても、我々は日常の話をしただけだったので、どこが怖いんだろうっていう。
平谷　うーん。
市野　しかし、どうでした今回は？　また百話揃《そろ》っちゃうし。

平谷　やっちゃいましたね。絶対揃わないと思ったんですよ、ぼくは。で、全部書き終わる二、三週間前かな、揃わないからっていう話をしたら、ゾロゾロっと揃っちゃったっていう。（笑）それに謎《なぞ》の音楽のおまけ付き。

市野　あー、謎の音楽（冒頭「零話目をふくめたまえがき」参照）。一時はどうしようかと思いましたけど。ちょっと今回、やたらと被害がありまして。前回はモニター一台で済んだんですけど、今回はノートパソコンの液晶モニターは飛ぶわ、ハードディスクは飛ぶわ、無限フリーズはするわ。

平谷、大迫（笑）

平谷　でも今回、音楽が入ってて、それが『美しく青きドナウ』だったっていうんで、何か凄《すご》く嬉《うれ》しかったりしましたけどね。SF作家だーって。

市野　ぜひ霊能者の方々とテープを聞きながらコメントを訊《き》きたかったんですけど、残念でしたね。

平谷　それは意地悪ですね。（笑）いや、霊能者の方もいろいろなところで連絡は取れなくはないんですけど、そういうイジメはやめてくれと言われてるんで。

市野　ひょっとしたら、これは違いますよって言うのかもしれないじゃないですか。

平谷　うん、そう言ってくれればいいんだけど、言われなかったらどうしようもないじゃないですか。でもね、その物理的現象っていうのは、ぼくは起こって欲しいなって気がする。だって、誰にも見え、聴こえることだから、判りやすい。

市野　いや、お金かかるからやめた方がいいですよ。（被害額が十万円を軽く超えております）

平谷　でも今度の取材の、ほら、MDの件やなんかでも、解明してみると、ああそうなのかって、凄い知的快感があったんですよ。だからそういった物理的現象っていうのが、どういう仕組みで起こっているのかっていうのがわかるととても面白いと思うんだけど。

市野　単純な話をしちゃうと、液晶が壊れたのも、モニターが飛んだのも、心霊系物理現象じゃなくて単に寿命とか、製造不良だとか、そういうものなんでしょうけど。タイミング良過ぎ、壊れるのが。

平谷　同時共時性ってやつがねェ。

市野　前回のモニターの時は、原稿を自分の家のモニターで読んでて、読み終わった瞬間にぶぅぅんって音がして、そのままさやうなら。

大迫　検索に引っかからなかった話が面白いよね。（本書一七一ページ「怪談本のこと」）

市野　あ、検索ですか。あれは何だっけ、別の本で病院って単語で話を切り出したんですけど、ひとつも引っかからなかった。

平谷　何なんでしょうかね。

市野　わかんないですね。これはやっぱり載せちゃいかんのかなとも思ったんですけど。（笑）

平谷　今回、話は聞いてたんだけど、本人とちょっとコンタクトが取れなくて、書けなかった遺跡関係の話っていうのが結構あって。

市野　遺跡関係はあったら面白そうですよね。

平谷　えっと、平泉《ひらいずみ》文化の中心だった建物というか、そういうところを発掘してる人が、発掘品なんかを置いてある部屋でコンピュータを使っていると、データがおかしくなったり、誤作動したり、いろいろあるらしいです。

市野　あそこのよくおかしくなりますよね。磁場が悪いところ。磁場という言い方が正しいかどうかは別にして。

平谷　磁場という言い方をしていると、電波な人と言われますよ。（笑）

市野　幽霊が出るとか、そういう心霊現象が起きそうなところって、磁場が悪いっていう表現が一番しっくりくるんですけど。

平谷　わかるわかる。でも、ぼくはできるだけね、波動っていう言葉を使わないようにしてる。

市野　ああー、波動ね。

平谷　波動とか磁場という言葉を使わないようにってね。苦労しますよ。

大迫　気とか言うのも、なんかしゃくですしね。

平谷　そうそう。

市野　そこまでいくと違いますよね。

見えるから何とかできる訳じゃないのだ

市野　よく訊かれるんですけど、見えるからといって信じてるわけじゃないんですよね。
平谷　そうそう、それはある。
市野　前回もね、お札《ふだ》を印刷したせいかもしれないんですけど、問い合わせが多数来まして。
平谷　あ、そうなんですか。
市野　どうやったら祓《はら》えるんだ、から始まって。見えているからって、処理ができるわけじゃないんだから。
平谷　自分のことならなんとかね、したりしますけどね。
市野　自分のことなら経験則で、あれはそうだ、これはそうだってわかるじゃないですか。ほっといてもいいものとか、無視してもいいものとか。でも、人様のはわかんないですよね。
平谷　わかんないですね。
市野　聞かれてもお祓いにいって下さいとしか言いようがないですよね。
平谷　ということは結構、困ってる方が多いんですかね。
市野　うーん、多いですね。多分、ほとんど全部は気のせいなんじゃないかと思いますけ

どね。（大笑）

大迫　結構、問題発言が。

市野　過日とあるところから心霊相談を受けまして、会ってみたんですよ。

大迫　会っちゃったの？

市野　うん、ちょっとまともな筋からまわってきたんで。いろいろあったんですけど。心霊現象で、悪いものが憑《つ》いてるから引きこもりになってしまったんだって思い込みたいようなのがわかったから。家族関係をなんとかしなさいとか。それはお母さん、あなたが嫌われてるだけです。とか。

平谷　思い込みたがるっていうのはありますよね。なんとか自分の外側に原因を求めたがるっていうのありますからね。

市野　助けて下さいって言われても、まず医者に行きなさいって言うしかない。

平谷　（笑）例えば、この本や前作に関連づけて考えると、去年あたりから良くないことは、いっぱい起ってます。でもね、それは偶然だっていう実感があるから、ぼく自身はいいんだけど。でも、端から見れば凄いことになってるんじゃないかって、思ったりしますけどね。（笑）

市野　この手の本に関《かか》わると、その手のことがいっぱい出てきますね。やっぱりけが人が続出したり、今回入院患者が四人出たのはまずいかなと。

大迫　編集の方で？

市野　いえいえ、私の友人知人周辺で。偶然でしょうけど気分的に良くないですね。入稿したとたんにですからね。

平谷　ぼくのだけじゃないでしょ。

市野　平山夢明《ひらやまゆめあき》さんのもやっていましたが。（本書と同時発売の『怖い本④』のこと）

平谷　じゃあ、そっちだよ。ぼくのじゃない。（笑）

大迫　視界の隅に誰かいるなって程度のものはあるけどね。あ、誰か見てるっていうのはあるんだけど。

市野　ちょっと波がありますよね。やたらと見える時期があったり、見えなくなっちゃったりとか。

平谷　今度の本に登場してもらった女性でも子供ができてから見えなくなったとか、ありましたけどね。

大迫　でも、世の中にはそれを見たがる人もいるし。

市野　いるんですね。気持ちはわかるんですけど、見ても何もいいことないよという。

平谷　でもね、かえって見えた方が怖くなくていいかもよ。なんにもいないところになんかいるんじゃないかって怖がるよりも、そこにあるものが見えてた方が怖くないじゃないですか。見えているから、それに用心すればいいわけで。見えなければ、用心のしようがないじゃないですか。

市野　見えなければ、ほら、邪魔されずに済みます。

平谷　あ、そうか。だけど、ぼくは見えてた方がよかったかなと思うけど。

市野　何かくる時って、例えば、かまってやってなかった犬とかに、かまってくれって吠《ほ》えたりされる時とかあるじゃないですか。それに近いような気が。

平谷　（笑）それはあるかもしれない。

市野　仕事したいんだから、黙っててくれないかな、とか。お願いだから、ドンドンするのやめてくれない、苦情が来るし、みたいな。

大迫　そういう話が、必要とするほど集まってくるっていうのはやっぱりなんかね、世の中の人がいっぱい実は見ていて、喋《しゃべ》らないだけなのか。見えてるんだけど、脳がそれを認識しないとかね。なんか合理的に片付けちゃってるとか。

市野　フィルターがかかってる可能性が高いですよね。

大迫　うーん。（笑）だからそのフィルターの話になると、見えてると思ってる人にもちょっと冷静になってもらって。

一同　（笑）

平谷　それはあるよね。

大迫　それは本当に幽霊とか、霊とかでしか説明がつかないんですかっていう。（笑）

平谷　それは確かにその通りだと思うんだけど、それを見ることによって、こちらが怖がったり、楽しんだりするっていうのがあるじゃないですか。その個人が経験した恐怖であるとか、そういうものの羅列と言いますか、標本みたいに並べておくっていうの、それがなんか楽しかったりして。

大迫　ええ、ええ。（笑）平谷さんのって本当にね、サンプルっていう感じが強いですね。

市野　今回はサンプルっぽさが増加してますよね。オチがないって、また読者から文句言われそうだけど。

平谷　だって、オチないんだもん。

大迫　（笑）実際に見るとオチないですよね。

平谷　ないない。

市野　作った怪談かどうか、オチがあるかないかでわかりますよね。

平谷　だから今回の中で、死の予兆っていうので並べたやつがありますけど、あれもオチはないですもんね。オチと言えば、知り合いが亡くなったっていうことだけど、いろいろなそれの感じ方のパターンっていうのがあって、それが面白かったりしましたけどね。光の玉が出てきたりとかね。月がふたつ見えてたとかね。自分のなかのなにかが知らせてるところもあるし。

いつから見え始めました？

高橋　ところで皆さん、いつぐらいから見えるようになったんですか。

平谷　ぼくは中学生。

市野　二十歳の時、幽霊屋敷で暮らしてた。

高橋　幽霊屋敷っていうのは本当にそういう意味で？

市野　いえ、出入りしていた事務所が出るところで、ある日突然、見えちゃったんですよ。もともとその事務所で麻雀《マージャン》打つ時、冷蔵庫を後ろにして座ると、絶対に勝てない。謎な少女の声に当たり牌《パイ》を言われちゃって。

大迫　やっぱりそれは電磁波。（笑）

高橋　じゃあ、そのきっかけひとつで、眼《め》の端に何かとか。

市野　いや、直接寝てる時に、五歳ぐらいの女の子にゆさゆさと、お兄ちゃん遊んでよ、遊んでよって言われて。

高橋　ということは、今までない人でもあり得るっていうことですか。

市野　多分。幽霊屋敷に二ヶ月ぐらい住んでると、見える確率がかなり高くなる。

大迫　俺の場合、きっかけって言われても判ンないのね。ただ、記憶に残ってる一番古いのは、中学の時。当時住んでたアパートが、一階に住む部屋を借りてて、二階が、おやじがデザイナーなんでその仕事場と、俺の勉強部屋があったの。で、寝る時は下で寝るんで、夜中に勉強が済んで二階の部屋を出て、降りてきて、いったんアパートの外へ出て下の一階で寝てたって、そういう生活をしてたんだけど。えっとね、そのアパートの前が坂道になってて、その坂を見上げると煙草《タバコ》屋があるんですよ。階段を降りてきて、部屋に入る前にふっと煙草屋の方を見たら、人が立ってるのよ。

あ、誰か立ってるや、と思って一階のカギを開けて、ドアを開けて、中に入って閉めかけた時に、あれっと思ったんだよ。顔がなかったんだよね。顔がなかったのに、何の疑問も持たずにそのまま入りかけて、えっ、顔がないじゃんと思って見直したら、もういなかった。それがね、白い煙みたいなものが首から上にボヤーッとなってるんだけど、輪郭は人の顔になってるんですよ。

高橋　顔がないっていうのは、細かいものがないというだけであって、形的には。

大迫　形は人の頭の形をしてるのに、煙の固まりなのよ。っていうのが、一番古い記憶。ただ、それ以前にもあったと思うのよね。なんかの声を聞いたとか、そういうのがそれ以前にあったはずなんだけど、思いだせない、どうしても。声を聞いたはずだっていう記憶はある。

高橋　でもなんか、小さい子供が一般常識が身に付く前っていうのは、何が本当で何が嘘《うそ》かわからない状態じゃないですか。だから誰しもあるのかもしれないですよね。

平谷　母親方の祖母が見る人で、父親方の祖父が見る人で、隔世遺伝なのかな。

市野　『見る』って環境という気がしますね。なんかこう、ひとり見える人間がいると、連鎖的に見える人間が増える。

平谷　そういう人がいると『自分も』って思い込んじゃうパターンがあるんだろうけど。ぼくの場合、祖父祖母が見える人だって知ったのは、自分が見えるようになってしばらくたってからだった。だからね、へえーって思った。

高橋　ウチの妹、相当見るんですけど、宙に浮いただの。

市野　宙に浮くって、やっぱりこう、座禅を組んで。

高橋　いや、寝てるうちにいつもどおりに金縛りにあって、気が付いたら凄い天井が目の前にあるらしいんですよ。そういう人と暮らしていて、やたら話は聞くんですけど、それでもね、別に俺も疑いもしないし、そうだなって非常に同意するわけでもないんですけど、自分はなぜかそういう感じはないですね。

市野　でも、その三人が見られた時に、最初は当然ね、見たと思ったわけだから、恐ろしいと思うわけでしょうけど、徐々にこれは何かの錯覚かもしれないっていう気持ちも当然あると思うんですよ。その時の気構えというかね、冷静に考えたらこんなもんだよって考えられるものなんでしょうかね。

平谷　冷静に判断してますね。あ、これ感覚遮断性幻覚だって思うし、だけど今見えてるのって凄くきれいってことだってあるし。凄い不思議だなと思ったり、状況の判断をしてこれはこういう類の幻覚である可能性が高いなと思いながら。

市野　つまり、その全部のいろいろな可能性をね。

平谷　例えば前作を依頼された夜に、三年前に死んだ猫の姿を見たんですけれど、それだって幻覚で片付けられるわけです。百物語って色々怖いウワサがあるじゃないですか。それで、そんな幻覚を見たって。

市野　あ、その時の意識としては。

平谷　そうそう。だけど、現実には成獣のトラくらいの大きさの顔が見えてるわけですよ。幻覚だったとしても、ものすごくリアルにね。だけど襲いかかるでもなく、大きく口を開けて、声なく『ニャー』と鳴くわけです。こっちは『ああ、警告かな』って思うわけで。

高橋　しかもなんというか、全く見ず知らずの猫よりは、関係のあるものが出てくるっていうところが、ある意味嬉しかったりするわけじゃないですか。

平谷　そうそう。だから割と大切なものを見てる気もしますよ、時々。どうでもいいものを見る時もありますけどね。

大迫　（笑）そういうのが怖いですよね、逆にね。

市野　ぼくなんかはむしろ、物理的現象が。

大迫　殴られるとか。

市野　そう、殴られる、叩《たた》かれる、触られるっていうのが多い。結構、いろいろ問題があったんですけど、対処方法がわかれば、あとはこうすれば害はないとか、なんとかなるっていうのが。首を絞められたり、胸に乗っかられたりすると、かなり精神的にはきついですね。

平谷　ぼくはいい霊体験してるのかな。美しいものを見たりとかね、可愛《かわい》いものを見たり。市野さんみたいな目には遭ったことがない。

高橋　なんか願望とか、会いたいとかいうのがあるじゃないですか、猫とかに。もしかし

市野　たら、首絞められたいとか。(笑)

平谷　『「超」怖い話』を作ってた樋口明雄《ひぐちあきお》さんのところに遊びに行って、婆《ばあ》さんに首を絞められるという、非常に嫌な体験をして。(笑)

市野　なんか市野さん壮絶な体験が多いよね。

平谷　あれは怖かったですよね。首を絞められたっていうのは初めてで、対処方法がわからなかったんですよ。

市野　そんなに頻繁に首絞められたり、殴られたりする人って……。

平谷　前にもお話ししたと思うんですけど、これはお祓いに行こうと、樋口さんの家から自分の家に帰る途中、バイクに車が三回突っ込んできて、これはまずいかもって思って、家に着いてお祓いに行こうと、神社に近づけば近づくほど足が重くなって、あと百メートルのところで、前に進まなくなって、あとは匍匐《ほふく》前進で……。

大迫　おうおう。文字どおりの。

市野　そう。立てないんですよ、もう。立つなりバタンですよ。

平谷　破滅的、破壊的、な経験ばっかりだね。

市野　ズルズル足は引っ張られるし、で、境内に入って、宮司《ぐうじ》さんがたまたまいたんですよ、普段はいないんですけど。で宮司さんは、憑いてないって言うんですけど、喋ってる途中にバタンって。

平谷　宮司さんが？

市野　私がです。

平谷　ああ。（笑）

市野　だから立っていられないんですよ。短時間でも。で、引きずられるように社殿まで連れていかれて、で、立ってお祓いをくらった瞬間にまたバタンって倒れて。

平谷　我々はもしかすると、そういう体験から何から、心霊現象というのに対して、そんなに恐怖を感じてないかもしれない。テレビ番組に「助けて下さい」って手紙も出さないし。（笑）

市野　かなりつらかったですね。それまで理系崩れで、全然信じていなかったせいもあって。なんとか祓えたので、こんなことがあったんですよって話したら、ウチの師匠が、バイク仲間なんですけど、実はちゃんと修行を積んでいた人だったので、そこからなんか、こういう風に対処したらいいとか聞かされて、そこから楽になりましたね。穴の掘り方とか、埋め方とか、憑きものを穴を掘って埋めちゃうんですよ。こうすればいいって。憑いた時には埋めちゃって、そこから楽になりましたけどね。

高橋　それはあの、よく霊能者とかいう人たちが、やっぱりみなさんも幼い頃からとか、なんか見てる。それでもうなんか非常に大変で、つらい青春時代を過ごしてたりするんですけど、ある時から自分で何かを会得して、それを人の為に役立ててるとかいう風になったりするじゃないですか。聞いてみるとやっぱり、なんかスイッチを発見するらしいですね。

市野　なんかあると思いますね。

高橋　スイッチっていうのは、自分なりの何かなんですか。

市野　スイッチっていうよりは、コンピュータのコマンド。だからその通りにやると、使えるっていう。

大迫　でも、なかで何が起きているのかはわからない。

市野　わからないし、あと多分、強弱はあると思うんですよね。こうするともっと効くけどっていうのがあるんでしょうけど、その通りにやれば、とりあえず効く。

高橋　効くためのセオリーを一応。

市野　何だかわからないけど効くとしか言いようが……。とにかくそれをその通りにやって、いらないものは埋めちゃうとか、捕まえて人に付けるとか。（笑）

平谷　誰に？

市野　当時わかったのは、私は掃除機体質という体質で、まわりに憑いている人がいると、全部自分につけてしまうという。

平谷　はいはい。

市野　だから、その時には師匠から拝み屋やったらって、言われましたけど。（笑）

高橋　そういう素養はあると。

市野　普通はその憑いてるものを、こっちによこすために修行を何年もするんだけど。

平谷　天性のものがあると。（笑）

市野　歩くだけで廃品回収、持っていくだけ。

一同　（大笑）

平谷　市野さん凄く不幸な星の下に生まれてるような気がする。（笑）

市野　正しいゴミ捨ての方法を教えてもらってないから、穴掘って埋めてるだけっていう。

高橋　その行動をして、行為をすれば収まるんですか。

市野　収まるというか、ええ、埋めて、自分はラクに。

高橋　市野さんが埋めた穴を、誰か知らずに掘り返してっていうことはないんですか。

市野　本当は穴を掘って、埋めて、二度と出ないように封印するんですよ。鍵《かぎ》をかけるっていう言い方をしてましたけど。ぼくは鍵をかける方法は教えてもらってないですね。埋めてるだけなんですよ、だから。あとは知らん。（笑）

大迫　いくらもあるわけね、その無責任な穴が。（笑）

市野　修行しないとダメだって言うんですよね。処理する方法は。ぼくはそういう修行を積んでないし、それは職業僧侶《そうりょ》なり、神官の仕事だから、修行を積んで習いなさいと。

平谷　冷静に今の話を聞いてると、科学の人が語ることじゃないね。

市野　それはそうですね。

平谷　だから凄く不思議、今聞いてて。

市野　いかに異常なことを言ってるのかっていう自覚はあるんですよ。でも現実問題として、そういうことをすると、まず肩凝りが治る。

平谷　それはうらやましいな。(笑)

高橋　だからやっぱりそれですよね。一番身近なところで感じるのは。

市野　憑いてると肩凝りもひどいし、頭痛もするし、犬猫に体を噛《か》まれてる感じもするし。そうすると落ちるんです。カンっと。で、そこからちょっと離れると――。

大迫　他にいくんだ。

市野　人が通ると、あ、憑いた憑いた、さよならって。ババ抜きですね。(大笑)

大迫　あ、ババ抜きっていうのはいい表現だな。

高橋　やたらババを引く人もいる。

大迫　体質、体質って言うのもなんだけど、そういう意味で言うと、俺は寄せる体質だって言ったじゃないですか、寄せて、寄ってくるんだけど、ある程度まで近づいてくるとペーンって弾《はじ》いちゃうもんで。

平谷　ぼくはあんまりないな。

大迫　平谷さんっていうのは、観察者なんだと思う。

市野　あんまりつかないですよね。

高橋　見たり感じたりはするけど、その範囲ですか。

平谷　目が腫《は》れる程度で。

大迫　あ、じゃあ目に。

平谷　目にきましたね。

高橋　観察者ってところでね、聞きたいんですけど。平谷さんも大迫さんも観察者だと思うんですよ。市野さんも観察者なのかどうかはわかんないんだけど。

市野　観察者じゃないな。

高橋　なんか埋めてるみたいだから、あれですけど。でも観察者という立場、立場じゃないんでしょうけど、やっぱり見えてるんだけど、見えてない、その狭間《はざま》と言うかね。つまりね、見えない人間からすれば、それがやっぱり一番聞きたいんだと思うんですよ。なぜ見えるじゃなくて、見えてるものが何なのか。その時の気持ちが。

平谷　一番、難しいですよね。何なのかはわからないけど、見え方っていうのは様々あって、実際に、本当にそこに存在するっていうのもあるし。前回書いた生首（前作『百物語　実録怪談集』収録「藪から現れたのは」参照）のやつとか。あとは本当に影のように見えることもありますしね。で、本当に焦点からずれているところに存在している何かっていう風に見えることもあるし。

高橋　それは、視野の。

平谷　そう、視野の。

高橋　若干、それはあります。

平谷　錯覚って言われるのは、やっぱりそこら辺ですよね。そのギリギリのところで、ぼくの意識としては実際に見えている。前作の『百物語　実録怪談集』についても

「それ、錯覚じゃないの?」って言われる話が多かったんですよ。つまり、一般の人たち――自分では幽霊を見たことがないって言う人たちも、そのぐらいのモノは見てるってことですよね。

高橋　うん、うん、なるほど。

平谷　そういうことは誰にでもあるよって。あ、じゃあ結構な数の人が見てるんだって。

大迫　これ、本当に存在するとしたらね、これは全く仮定の話だけど、本当に存在するとしたら、そんなに特定の人間だけに見えるわけがない。

市野　あ、それはそう思う。理性があるから、多分フィルターがかかってるんじゃないかなと思うんですけど。

高橋　人によってだから、反対意見がある。同じぐらいそうだよなって人がもちろんいるし、そういう人は書かない人もいるんでしょうね、やっぱり。

大迫　だから、こういうのも出てくるのがなんでだろうとか。

市野　そういう時に、当初はほら、見えたんじゃなくて何かあっただけなんで、判定してないんですよね。

どうしてお経を唱えるとなんとかなるのか?

市野　不思議に思ってるんですけど、お経唱え出すと何とかなるっていうじゃないですか。

平谷　でも、お経の経文って理解できますか？　お経って、お釈迦様が「このように生きて行きなさい」と仰《おつしや》ったっていう、生きている人たちのための教えだったりするじゃないですか。

大迫　ええ。

市野　生きてる人間が理解できないことを、死んでから理解できるとは思えないんですけど。それを唱えただけで、退散するなんてわけがわからない。

大迫　やっぱり言霊《ことだま》です。（笑）

平谷　あの、例えばいろんな解釈ができますけど、その霊が何を、どう信じていたかっていうことで、例えばキリスト教圏の吸血鬼が十字架に弱いとかね。そういうパターンがひとつあるでしょうし。それから真言《しんごん》なんて、あれは音ですもんね。音なわけだから、だからああいうものは多分、キリスト教徒以外にも通用するものであろうなと思う。だから『聖天神社《しようでん》』シリーズ（光文社カッパ・ノベルス）では、頻繁に使われる。

市野　お経を唱えて、なんとかなったことはないんですよね。

平谷　あの、今度の話の沖縄の体験では、日本兵がね、なんとかなったようですよ。（本書一六〇ページ「沖縄の話」）ハタ君の、英語を聞かせたら逃げるだろうという発想がすごいと思った。（笑）

市野　鬼畜米英とか。

平谷　あの、ハタくんはね、凄く真面目《まじめ》な人でね、発想は面白いなと思いましたね。
市野　じゃあ、江戸時代の幽霊だったら、葵《あおい》の御紋の印籠《いんろう》を見せると恐れ入るんですかね。（笑）
平谷　ああー。でもどれだけ徳川家の家紋だと認知していたかっていうのがありますよね。
市野　江戸時代だったら、だいたい知ってるでしょ。
平谷　いや、こういう農村あたりはわかんないんじゃないですか。何だそりゃ、とか言いながらね。印籠が効果があるとすれば、情報が伝達されて周知されているという条件が必要でしょ。だから葵の御紋の意味を知らなければ、何の効果もないよね。やっぱり十字架みたいなもの。
大迫　今、思い出したのが、吸血鬼の映画で、どの映画だったかは忘れたけど、十字架が怖いんじゃないと。十字架をかざすその信仰心が怖いんだって。
平谷　ああ、はいはい。
大迫　だから念仏云々《うんぬん》っていうのも、そうかもしれない。
平谷　あ、なるほどね。そっちの大本《おおもと》の方にくるか。
大迫　そうそう。だから、あれだっけな、『フライトナイト』だっけな。信仰なしに十字架かざしても怖くないんだよって、握りつぶしちゃうんだよね。
平谷　ああ、ありましたね。
市野　そのままでいくとじゃあ、ヲタな人が、自分の好きなフィギュアなんかを使えば、

平谷　これで退散するわけですか。
大迫　ああ、それは格好わるいね。アヤナミーなんか言って。
一同　(笑)
平谷　でも、その心持ちというか、それでっていうのはなんかありそうだな。
大迫　それは理屈は通りますよね。
平谷　通ります、通ります。
市野　不屈の精神力、大和魂があれば。
一同　(笑)
平谷　なんでもいいんだよな。
市野　誰か試してみませんかね、本当。なんかあった時に、念仏唱えるんじゃなくて。
平谷　なに出したら面白いかな。
市野　巫女《みこ》さん萌《も》え～とか、スクール水着萌えとか。
大迫　萌え～が信仰かって言われると、ちょっとな。(笑)
市野　でも、あまり方向性が変わらないんだったら、思い込みでいったら多分、信仰心に匹敵できるんじゃあないでしょうかね。瞬間最大風速で。
平谷　スクール水着かざして悪霊退散できるってのはちょっとねえ。(笑)
市野　さっきの、そういうものを大きくかざす、その心が怖いと。

大迫　やっぱり捨て身で怖い。（笑）俺が幽霊でも引くもん。
市野　いやなオチがついたところで、今回はこの辺にしましょう。ありがとうございました。

収録　皐月《さつき》二十七日

〈付記〉この座談会にはＩＣレコーダーをメインに、ＭＤレコーダーとカセットレコーダーをバックアップとして用意した。怪談の収録や対談には録音機材のトラブルがつきものであるからということもあるが……。既出のラジオ電波をワイヤードマイクが拾うというトラブルもあったので、二台のバックアップを用心をしたわけである。

だが、結果的にバックアップは用をなさなかった。

バックアップ用レコーダー二台の録音が吹っ飛んでいたのである。

テープの方は前半三十分。ＭＤに至っては数時間に及ぶ収録の全てが記録されていなかった。操作ミスではあり得ない。

メカニカルトラブルか、心霊的な影響であったかの判断はできない。しかし、何があったかは判らないが、ＩＣレコーダーの音声も不鮮明だったために、テープ起こしの方が随分苦労なさったそうである。

新しい媒体が出てくると、それにまつわる怪談もまた出てくるもののようだ。

——著者

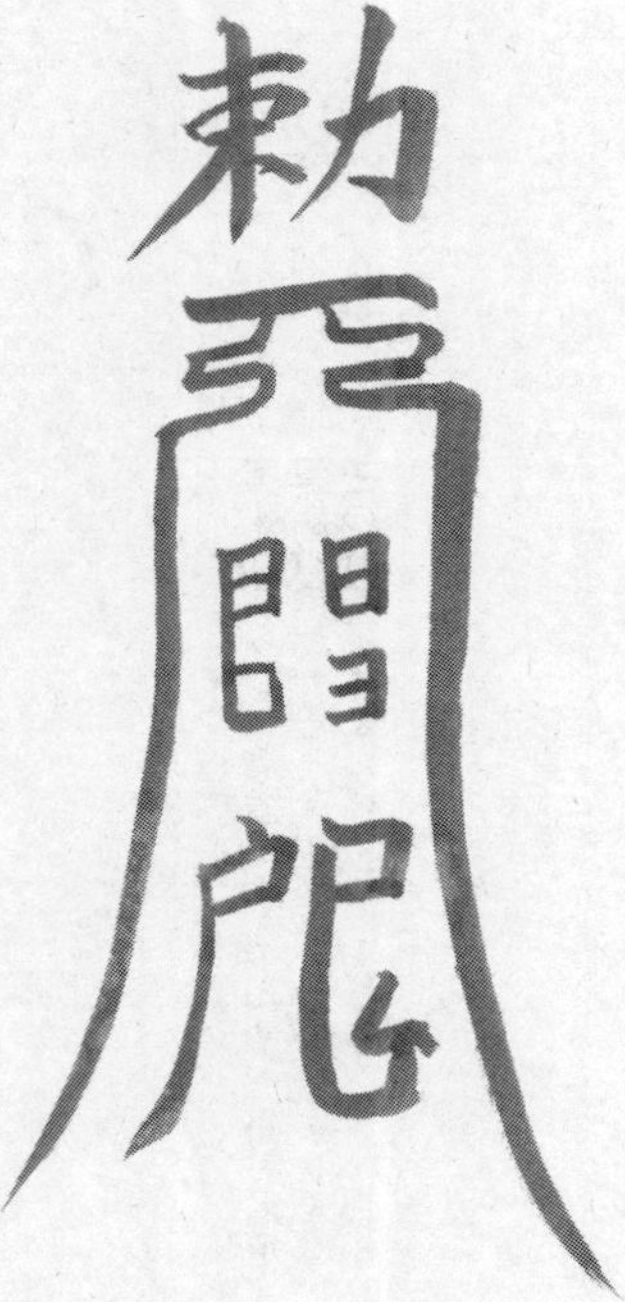
勅

編集部ならびに著者は、除霊相談、心霊鑑定、霊能者の紹介等々を一切行っておりません。その旨ご了承ください。

ハルキ・ホラー文庫 H-ひ 2-2

百《ひゃく》物《もの》語《がたり》 第《だい》二《に》夜《や》 実録怪談集《じつろくかいだんしゅう》

著者 平《ひら》谷《や》美《よし》樹《き》

2003年7月18日第一刷発行
2008年7月 8 日第四刷発行

発行者 大杉明彦

発行所 株式会社角川春樹事務所
〒101-0051東京都千代田区神田神保町3-27 二葉第1ビル

電話 03(3263)5247[編集] 03(3263)5881[営業]

印刷・製本 中央精版印刷株式会社

フォーマット・デザイン 芦澤泰偉+野津明子
シンボルマーク 西口司郎

ISBN4-7584-3057-8 C0193

http://www.kadokawaharuki.co.jp/[営業]
fanmail@kadokawaharuki.co.jp[編集]
ご意見・ご感想をお寄せください。

ハルキ・ホラー文庫

書き下ろし

平谷美樹

百物語 第三夜 実録怪談集

「視野の隅に佇《たたず》む黒い人影に対する恐怖は、その人の内側に確実に存在している。ぼくはその時体験者が感じた恐怖に、不思議な感覚に、興味があるのだ」——こう語る著者のまわりに、今回も〝怪談〟が続々と集まってきた……。恐怖と奇妙な感覚が織りなす、霊現象から不思議な体験談まで、全十一章の怪異のバリエーション。三たび迫りくる実録怪談集！

［解説 大迫純一］

大迫純一

あやかし通信『怪』

本当にあった怪談話……「友達の知り合いの話」などではない、筆者と友人が体験した恐ろしく奇妙な話を四十六話収録。数多く出版されている怪談本のなかで、最も恐ろしい本としてインターネット上で伝説となっていた実録怪談集を、改稿のうえ新たに数話追加してあなたのもとにお届けする。「あやかし」は日常のすぐそばに潜んでいるのだ。

ハルキ・ホラー文庫

書き下ろし

メルキオールの惨劇

平山夢明

人の不幸をコレクションする男の依頼を受けた「俺」は、自分の子供の首を切断した女の調査に赴《おもむ》く。懲役《ちょうえき》を終えて、残された二人の息子と暮らすその女に近づいた「俺」は、その家族の異様さに目をみはる。いまだに発見されていない子供の頭蓋《ずがい》骨、二人の息子の隠された秘密、メルキオールの謎……。そこには、もはや後戻りのきかない闇が黒々と口をあけて待っていた。ホラー小説の歴史を変える傑作の誕生！

新装版

東京伝説　呪われた街の怖い話

平山夢明

〝ぬるい怖さ〟は、もういらない。今や、枕元に深夜立っている白い影よりも、サバイバルナイフを口にくわえながらベランダに立っている影のほうが確実に怖い時代なのである。本書は、記憶のミスや執拗な復讐、通り魔や変質者、強迫観念や妄想が引き起こす怖くて奇妙な四十八話の悪夢が、ぎっしりとつまっている。現実と噂の怪しい境界から漏れだした毒は、必ずや、読む者の脳髄を震えさせるであろう。

［解説　春日武彦］